Anonymus

Biographien berüchtigter Schwärmer, Gauner, Mörder, Mordbrenner und Straßenräuber

aus dem achtzehnten Jahrhundert Leben des Bayerschen Hiesels

Anonymus

Biographien berüchtigter Schwärmer, Gauner, Mörder, Mordbrenner und Straßenräuber
aus dem achtzehnten Jahrhundert Leben des Bayerschen Hiesels

ISBN/EAN: 9783743327733

Hergestellt in Europa, USA, Kanada, Australien, Japan

Cover: Foto ©ninafisch / pixelio.de

Manufactured and distributed by brebook publishing software
(www.brebook.com)

Anonymus

Biographien berüchtigter Schwärmer, Gauner, Mörder, Mordbrenner und Straßenräuber

Biographien
berüchtigter
Schwärmer, Jauner, Mörder, Mordbrenner
und
Straßenräuber
aus dem
achtzehnten Jahrhundert.

Erster Band.

enthält
Leben des Bayerschen Hiesels.

Hannover 1797.

Mathias Klostermayer

oder

der Bayersche Hiesel.

Erstes Kapitel.

Humano capiti cervicem pictor equinam jungere si velit &c.

Hor.

Diese goldene Regel des schweren Horatius hat der Verfasser der Urschrift, aus welcher wir das Leben unsers Helden, des berüchtigten Hiesel, schöpfen, um es zu läutern und unsern Lesern genießbarer zu machen, entweder gar nicht gekannt, oder ihrer sich hier nicht erinnert, oder sie hier für unbrauchbar gehalten. So gern wir gestehn, daß wir, ohne den Fehler der Urschrift gegen diese Regel, vielleicht nicht darauf gefallen wären, sie zur Ueberschrift des ersten Kapitels zu machen; so gewiß hätten wir sie auch ohne ihn beobachtet, denn wir bilden uns ein, nichts mehr und nichts weniger, als eine vollständige Hiseliade zu liefern, an welcher auch der strengste und mürrischste Kritiker nichts auszusezen haben soll.

Doch, wir sprechen, ohne daß der Leser weiß wovon, und ob dies gleich hie und da Sitte seyn mag und der Leser übrigens schon aus der Gesellschaft, in welcher unser Hiesel hier erscheint, mit Grund schliessen kann, daß er ein renomirtes Kraft- und Kniffgenie war, so ist es doch auf jeden Fall artiger, mit der interessanten Nachricht, Hiesel war Wildschütz, nicht hinter dem Berge zu halten.

Unsre Urschrift beginnt mit dem halbfrommen, halbphilosophischen Alltagsgedanken, daß die zeitliche Wohlfarth der Menschen größtentheils von der Wahl ihrer Lebensart abhänge, daß diese Wahl aber nicht in jedes Willkühr stehe, daß von der ersten Geburt an die kleinfügigsten Umstände, und diese ihrer Geringfügigkeit wegen vielleicht am stärksten zur Beschränkung dieser Wahl würken. Aber, wahrlich! Hiesel war, ob er gleich unter dem Rade starb, kein solcher Alltagsmensch, daß er einen so gemeinen Alltagsgedanken zum Frontispiz seines Lebens verdient hätte. Nach Pflicht eines jeden Lebenbeschreibers fühlen wir den Werth unsers Helden, ohne doch bis zu einer epischen Begeisterung exaltirt zu sein, die von sich selbst zu sehr eingenommen der Wahrheit abhold zu sein pflegt; und würden uns schämen, wenn wir uns durch seine Vorzüge nicht auf einen vorzüglichern Gedanken leiten ließen, den wir an die Spize seiner Lebensbeschreibung stellten.

Wir wollen dem Leser nicht vorgreifen, ihm nicht sagen, wie standhaft, muthig, entschlossen Hiesel war, wie er sich in jeder bedenklichen Lage gleich durch die Gegenwart seines Geistes rettete, wie er in jeder Gefahr sogleich den einzigen Entschluß faßte, wie er es ferner verstand, seine Schaar zu regieren, zu gebieten, sich gefürchtet, geachtet, und doch geliebt zu machen. Der Leser wird uns dies aus einer bekannten Gefälligkeit der Leser gegen die Schriftsteller schon aufs Wort glauben.

Sollte aber einem Menschen mit diesen Fähigkeiten, mit diesen Eigenschaften kein andres Ziel gesteckt gewesen sein, als das Rad? Sollen wir die Vorsehung bewundern, die einen so reichen Vorrath dieser Gaben hat, daß sie sie auch dahin verspenden konnte, wo wir sie nicht erwarten, wo sie wie ein vergrabner Schatz von Unvollkommenheiten bedeckt und unbrauchbar liegen, oder wo sie im Kampf mit diesen Unvollkommenheiten aufbrausen und verderblich werden? Oder sollen wir sie tadeln, wenn wir sie unweise diese köstlichen Gaben vertheilen sehn, wenn wir sie da vermissen, wo wir sie zu finden hofften, wo auf ihrem Dasein das Wohl ganzer Staaten, bis auf künftige Generationen hinab, beruht, und dort antreffen, wo sie durch Mißbrauch schädlich werden, wie ein Feuerbrand in der Hand eines Kindes. Wir wollen keins von beiden thun; wir wollen die Einrichtung unsrer Staaten bedauern, die den Mann von geringem Stande, der hervorstechende Geistesgaben hat, nicht allein unnützer, als den dummen, sondern schädlich machen.

Hiesel mußte, wenn er an seinem Plaze sein sollte, von höherm Stande seyn, denn der Stand macht ja nur die Fähigkeiten gültig, und so hätt' er vielleicht als Feldherr einst geglänzt; oder er mußte unter einem rohen Volke geboren werden, wo das Gefühl, von andern an Talenten und Kräften übertroffen zu werden, noch jeder eingesteht, noch nicht entehrend ist, wo das Verdienst Rang und Titel erhält, nicht Rang und Titel Verdienst geben.

Es giebt noch einen dritten Fall. Hiesel durfte nur unter einem freien Volke geboren werden, unter einem Volke, das wie ein geiziger Oekonom keinen Theil seines Besizes ungenüzt lassen will, auf jedes einzelne Mitglied, welches Vortheil ihm bringen kann, sein aufmerksames Auge wirft; und das, was an ihm in seiner jezigen Lage verderblich ward, wäre beglükend gewesen. Schon dann hätten seine Kräfte und seine prädominirenden Talente eine andre und gewiß bessere Richtung genommen, wenn er in einem weniger tyrannisirten Staate unter gebildetern Menschen gelebt hätte. Es ist hier nicht der Ort zu untersuchen, welch ein Recht die Fürsten haben, sich das Wild zuzueignen und es zum Schaden ihrer Unterthanen bis zu einer verderblichen Menge anwachsen zu lassen. Es ist auffallend, daß man grade hier eine Ausnahme von dem allgemeinen Gesez: „res nullius cedit occupanti" macht, um so mehr, da das Wild unstät und nicht an dem Besiz eines Einzelnen gebunden ist. Die Widersinnigkeit dieser Anmassung, die dem gesunden Menschenverstande vielleicht eher, als der Jurisprudenz deutlich gemacht werden kann, sah unser Hiesel ein; er fand es löblich und nothwendig, daß er das unnüze Wild verminderte, die Felder der Landleute vor den Verheerungen desselben sichre, und behauptete: das Wild sei frei, gehöre Niemanden zu und falle dem anheim, der sich desselben bemächtigte. Hiesel war also Wilddieb aus Grundsäzen, und ward Verbrecher nur durch die Einrichtung des Staats; Unthätigkeit und Trägheit, die so oft Jauner und Diebe erzeugten, waren gewiß nicht Schuld an der Wahl dieses Geschäfts. Wie sehr nimmt es nicht für ihn ein und wie nüzlich hätte diese Thätigkeit, dieses muthwillige Aufsuchen von Gefahren, diese trozige Verachtung von Strapazen nicht werden können.

Warum werden sie es aber nicht? Die Umstände, die Vorsehung —

Doch, so sehr sich hier der Gedanke aufdringt, ob wohl eine weise Vorsehung dergleichen Misgriffe, wie dieser bei unserm Hiesel war, sich verzeihen könne, ob man ihre Existenz annehmen kann, wenn man dieses thörichte Haushalten mit den edelsten Kräften sieht, so natürlich er hier ist, so verfolgen wir ihn doch nicht weiter, denn wir wollen erzählen, nicht raisonniren.

Uebrigens haben wir die Regel, die wir zur Ueberschrift gemacht haben, gewiß besser, als unsre Urschrift befolgt; denn vor dem Leben eines Wildschüzen steht eine so wilde Philosophie mehr an ihrem Orte, als jene sanfte Frömmelei, die die Wege der Vorsehung überall, auch unter Rad und Galgen sieht.

Zweites Kapitel.

Gemählde des Hiesel, Geburt, Erziehung und erste jugendliche Schiksaale.

Bayern ist das Vaterland dieses Genies, geboren in einem Lande, dem man schon damals den Vorwurf der Dunkelheit machen konnte, und dem man ihn noch jezt nicht mit Unrecht macht, was sollte in einem solchen, noch dazu in einem niedrigen Stande Hiesel mit solchen Geisteskräften machen?

Er ward im Jahr 1738 zu Küssing einer den Jesuitervätern gehörigen Hofmark im Landgerichte Friedberg in Bayern geboren. Das Haus seines Vaters hieß nach einer alten Landessitte der Bauern, die jedem Häuslein seinen auszeichnenden Namen giebt, zum Brentan, woher auch er diesen Namen erhielt, den er zuweilen führte. Sein Vater war ein armer Hirt, und hatte außer diesem Sohn nur eine Tochter, und er erzog diese Kinder, wie ein Hirt, und noch dazu ein Bayrischer, sie erziehen kann. Er ließ ihn zur Schule gehn, im

Hause arbeiten, gewöhnlich spinnen, hier wollte er thätig sein, in der Schule wenigstens beten. Späterhin, als der Knabe heranwuchs, mußte er zuweilen seinen Vater in seinen Geschäften ablösen, und in diesem engen Kreise einer edlen Thätigkeit trieb er sich bis in sein sechzehntes Jahr umher, verrichtete alle seine Geschäfte ohne Vorwurf, war gehorsam gegen seine Eltern, willig zu jeder Arbeit, gutmüthig, und wie die Jugend pflegt, zuweilen leichtsinnig.

Mit seinem siebzehnten Jahre verließ er das Haus seines Vaters und trat zu Mergenthau, einem ebenfalls den Jesuitern gehörigen Schlosse, in Dienste, wo er sich zwei Jahr befand, ohne Klage und Vorwurf von seiner Herrschaft zu verdienen, außer daß die frommen Väter zuweilen über seine freie Lebensart die Achseln zukten, und auch wohl etwas mehr thaten.

Hier dürfte wohl der passendste Ort sein, wo wir ein Gemählde von unserm Hiesel dem Leser darstellen könnten.

Hiesel war groß, stark und wohlgebaut, in seinem Gesichte lag etwas, das beim ersten Anblik sehr zu seinem Vortheil einnahm; seine großen und feurigen Augen wälzten sich ungeduldig in ihren Hölen umher und hatten etwas Mistrauisches, wodurch er ein wenig entstellt ward. In freien großen Kreisen wölbten schwarze Augenbraunen, die dem Physiognomen sogleich das unternehmende Genie verkündet haben würden, diese funkelnden Augen ein. Eine stark gebogene Habichtsnase, die jedem, auch dem dümmsten Gesichte, ein gebieterisches Ansehn giebt; eine Nase, wie sie die Natur nur Königen geben sollte, sprang aus einer großen freygewölbten Stirn hervor und ein Mund, den die Ironie und Ueberredung selbst gebildet, commentirte auch schweigend jede Bemerkung, die die Augen gemacht hatten. In ein nicht widerlich vorspringendes Kinn gieng das länglichte von diken dunkeln Haaren umschattete Oval seines Gesichtes aus. Dabei war frei und ungezwungen sein Anstand, verbunden mit einer gewissen Würde, die seine Untergebenen beständig in Ehrfurcht und in einer nothwendigen Entfernung und Abhängigkeit von ihm erhielt, und dies ist auch wahrscheinlich Schuld daran, daß er vielleicht der einzige von allen Anführern zusammengerotteter Freibeuter war, der nie von seinen eignen Leuten angefeindet oder verrathen ist.

Mit diesen körperlichen Eigenschaften, wohin noch vor allen eine ungeheure Löwenstärke gehört, verband er eine ungewöhnliche List, die jeden seiner Vorzüge wohl zu nuzen wußte, und immer auch in der dringendsten Gefahr einen Ausweg fand, und eine Gegenwart des Geistes, die ihn nie verließ. Ueberdies hatte er eine gewisse natürliche Beredsamkeit, eine gewisse Fähigkeit, dem Verstande eine Sache klar und dem Herzen fühlbar zu machen, die auch bei der unvollkommensten Erziehung statt finden kann. In Ansehung des Muths war er ein Muster für alle seine Untergebene, jedem, auch dem Tollkühnsten unter ihnen, war er ein unerreichbares Vorbild, wäre er es auch nur dadurch gewesen, daß Klugheit und Vorsicht ihm immer zur Seite giengen. So oft er einen Plan zu einem Zuge entwarf, er mochte so sicher sein, als er wollte, vergaß er nie seinen Rükzug zu deken, immer waren einige von seinen Leuten ausgestellt, welche die Schaar in ihrem Standquartier bewachten, ihm von der kleinsten Bewegung und der unbedeutendsten Spur von Verrätherei Nachricht geben mußten. Seine Vorsicht gieng noch weiter, er hatte überall Spione, gewöhnlich Bauern, die froh waren, daß er sie von dem lästigen Wilde befreite, und ihre Aeker vor seinen Verheerungen sicherte, die ihm von allem, was gegen ihn unternommen ward, sogleich Kundschaft gaben. Diese Vorsicht allein macht es begreiflich, wie er sich mehrere Jahre hindurch mitten in einem polizirten Staate, troz des Anflauerns und der Angriffe regulirter Soldaten halten konnte; in einem Staate, wo man beständig auf Mittel dachte, ihn zu fangen, und wo man ihn auch wirklich nur da erst fieng, als er seinem guten Glüke zu viel traute. Er war rachsüchtig, und ward, wie es wohl bei seinem Gewerbe nicht anders möglich war, grausam. Indessen liegt diese Grausamkeit nicht in seinem Charakter; er war dazu gezwungen, denn nur durch sie konnte er sich vor den Nachstellungen der Jäger sichern, nur durch sie seine Schaar in Subordination erhalten. Es finden sich mehrere Vorfälle in seiner Geschichte, die von Mitleid und Gutherzigkeit zeugen. Ungeachtet seiner wilden Lebensart betrug er sich immer artig und zurükhaltend gegen Frauenzimmer, die ihm bei seinen Räubereien in die Hände geriethen; er hat nie ein Frauenzimmer, selbst wenn er in der grösten Wuth war, beleidigt, oder verlezt. Es scheint sogar, und warum sag' ich nicht, es ist, ihm sogar das Gefühl der Freundschaft nicht fremd gewesen; denn es ist nicht allein das Gefühl des Eigennuzes, das Verlangen nach Sicherheit und die Gleichheit der Geschäfte, welche eine solche Räuberbande verbinden. Er liebte einen seiner Gefährten (den er seinen Buben nannte und der bei ihm gewissermassen die Dienste eines Schildknappen verwaltete) sehr zärtlich, und vielleicht etwas mehr als zärtlich: seinen Hund (wenn man anders die Anhänglichkeit an Thiere mit unter die der Freundschaft verwandten Gefühle rechnen kann) liebte er gleichfalls sehr, so daß er Thränen vergoß, als er ihn auf einem seiner lezten Streifen verloren hatte.

Wahrlich ein schöner Grundstoff, aus dem nur

Umstände, Lage und Convention ein misgestaltetes Ungeheuer bildeten.

Aus seinem Dienste bei den Jesuitern in Mergenthau, wo wir Hieseln verlassen haben, kehrte er nach zweien Jahren in sein väterliches Dorf Küssing zurük. Auch hier zeigten sich noch keine Spuren verdorbner Sitten, er war fröhlich und munter ohne ausgelassen zu sein, spaßhaft ohne Bosheit. Hier lernte er einen Jäger kennen, mit dem er oft auf die Jagd gieng; eine Beschäftigung, die ihm ungemein viel Vergnügen machte. Er erwarb sich unvermerkt eine große Fertigkeit und Gewißheit im Schießen; indessen verleitete ihn sein großer Hang zum Wildschießen oft auch allein auf die Wildbahnen zu gehen, der glükliche Erfolg, Beute und daß er den Nachstellungen immer wohlbehalten entkam, nährten diese schlimme Neigung, um so mehr, da er nur gar zu gefällige Käufer für sein erbeutetes Wildpret fand.

Dies scheint in Hiesels Leben der erste schwarze Punkt zu sein, die Zeit, die das Glük und Unglük für sein künftiges Leben entschied. Bis jezt trieb ihn nur Sehnsucht nach Vergnügen auf die Jagd, bald zwang ihn der Mangel, das einmal angefangene Gewerbe beizubehalten, und zulezt war es unmöglich, ohne Schande und Strafe es zu verlassen.

So lebte Hiesel fünf Jahre hindurch in seinem

Geburtsort Küssing ruhig und zufrieden, diente als Knecht, schoß mit und ohne seinen Begleiter Wildpret, und verkaufte seine Beute.

Um diese Zeit wurden in Bayern und besonders in dem Landgerichte Friedberg Rekruten ausgehoben. Die ganze mannbare Jugend des Dorfes mußte zusammenkommen und loosen, der, den das Loos traf, mußte dienen. Daß Hiesel hier sich auch stellen mußte, um sein Glük zu versuchen, kann man leicht denken; bei einer Figur, wie die seinige war, war er nicht allein für einen bayrischen, sondern für jeden andern Werber ein willkommner Fang. Er erschien auch, troz seines ungeheuren Abscheu's vor dem Soldatenstande, und hatte eilfmal hintereinander das Glük, dem traurigen Loose zu entgehen. Zulezt aber lies man es nicht mehr auf das Glük, daß für Hieseln zu partheiisch schien, ankommen; man nahm ihn im Jahr 1761 ohne ihn loosen zu lassen, ohne seine und seiner Schuzgöttin Beistimmung zu erwarten, auf, und er mußte zur Fahne schwören.

Ob er gleich angeworben war, so versuchte er doch alles, sich aus diesem ihm so sehr verhaßten Stande herauszureißen. Er haßte ihn vorzüglich des Zwanges wegen, denn so viel sich aus seinen übrigen Begebenheiten auf seinen Charakter schließen läßt, so suchte er nicht Ungebundenheit, um auszuschweifen, denn diese hätte ihm der Soldaten-

stand

stand gewährt, sondern nur allein Freiheit. Zuerst sezte er seine Beredsamkeit in Bewegung, er behauptete kühn, ihm sei Unrecht geschehen, weil man ihn ohne Loos angeworben hätte, ein Recht, das man ihm mehrmals zugestanden, behauptete er, müsse man ihm auch jezt nicht entziehen; kurz, er suchte alles hervor, was das Verfahren bei der lezten Werbung als ungerecht darstellen konnte. Daß sich aber nun freilich die Werber nichts aus dem Vorwurf der Ungerechtigkeit machten, und daß er also immerhin wie ein Cicero oder Mirabeau hätte reden können, ohne das geringste auszurichten, versteht sich von selbst. Hiesel sah es auch bald ein, und nahm seine Zuflucht zu einem andern Mittel. Konnte er sie nicht mit Worten überlisten, so wollte er es nun mit Thaten versuchen.

Er nahm ein aufgeräumtes Wesen an, klagte nicht mehr über Ungerechtigkeit, sondern that als wenn alle seine Klagen nur Spaß gewesen wären, bespöttelte sich selbst und bespöttelte auch die Werber, die thöricht genug gewesen waren, ihm das zu glauben. Anstatt den Soldatenstand herunter zu sezen, lobte er die Ungebundenheit, das Ruhmvolle und Wichtige desselben. Bald ward er auch sehr vertraulich mit seinen Werbern, er speißte, trank mit ihnen, und ließ sich willig von ihnen von Küssing nach Friedberg bringen, wo er zu den übrigen Neuangeworbenen stieß. Allein er lauerte nur auf einen bequemen Zeitpunkt zur Flucht, der denn auch bald erschien. Der zu häufig genoßne Wein hatte die Werber unachtsam gemacht; man saß in der Schenke zu Friedberg, war ungebunden fröhlich, und aller Unterschied zwischen Gebietenden und Gehorchenden war aufgehoben. Hiesel bediente sich dieses Zeitpunkts, entwischte durch das nahgelegene Stadtthor und gieng gradeswegs auf Appertshausen, ein jenseit des Lechflusses gelegenes Dorf in Schwaben zu, wo er sich mit Recht sicher glauben konnte. Bald entdekten die Werber seine Flucht, und schikten ihm einige Husaren nach, die ihn auch beinahe erreichten und schon im Begriff waren, ihm den Paß über die Lechbrüke abzuschneiden, als Hiesel plözlich, wie er immer that, sich entschloß, in diesen wegen seiner Untiefen sehr gefährlichen Fluß zu springen und durch Schwimmen sich zu retten, wo er denn auf mannichfachen Abwegen zu Appertshausen endlich anlangte.

Drittes Kapitel.

Hiesel im Zuchthaus zu München. — Erbeutet seinen treusten Gefährten.

Die schnelle Flucht und die beständige Angst, von seinen Verfolgern eingeholt zu werden, zogen ihm kurz nach seiner Ankunft zu Appertshausen eine gefährliche Krankheit zu. Sein ganzes Vermögen bestand nur in sieben Kreuzern und diese waren bald verzehrt. Er sah sich also genöthigt, sich gänzlich der Barmherzigkeit seines Wirths zu überlassen; dieser verpflegte ihn auch wirklich drei Wochen unentgeldlich, bis die gute Natur Hiesels endlich über seine Krankheit den Sieg davon trug.

Während seiner Krankheit hatte er mit einem gewissen **Xaver Bobinger** Bekanntschaft gemacht; dieser, den man sonst auch den **Kretzenbuben** nannte, war schon seit mehreren Jahren ein berüchtigter Wildschütz gewesen. Hiesels Neigung zur Jagd trieb ihn an, sich bei diesem gewissermaßen in Dienste zu begeben. Allein seine ganze Arbeit bestand darin, das Wild aufzutreiben und es dann fortzutragen. Hiesel konnte also hier nicht selbst schießen, und da sein Herr überdies sehr geizig war und ihm seine Dienste nur sehr schlecht belohnte, so trennte er sich wieder von ihm. Er begab sich nun zu einer Gesellschaft, die keinen Monarchen hatte, sondern die eine vollkomnne Demokratie bildete, und welche alles erlegte Wildpret unter sich in gleiche Theile vertheilte. Mit großem Glüke und noch größerer Verwegenheit durchstreifte Hiesel mit dieser Gesellschaft die Wälder Schwabens und Bayerns, bis zu dem Jahre 1765. In diesem Jahre ward die Gesellschaft von einem ihrer Spießgesellen zu Landsberg verrathen; Hiesel ward von streifenden Soldaten mit einem seiner Gefährten auf dem Lechfelde aufgehoben, anfangs nach **Landsberg** in die Frohnveste gebracht, aber bald nach München geführt zu einer dreivierteljährigen Zuchthausstrafe.

Hiesel war zu sehr von der Nüzlichkeit seines Gewerbes überzeugt, als daß er während seiner Gefangenschaft seine vorige Beschäftigung hätte vergessen sollen: er wandte diese ganze Zeit bloß dazu an, Plane zu machen, wie er sein Gewerbe zu einer höhern Vollkommenheit bringen könnte; auf welche Art es ihm möglich sei, sich vor den Nachstellungen und Anfällen in Sicherheit zu sezen. Kaum sah' er sich daher in Freiheit, so dachte er auf die Realisirung seiner Plane. Er sammelte sich sogleich eine Rotte von tollkühnen Wagehälsen, stellte sich an ihre Spize, und durchstrich so vermeßner als zuvor die Wälder. Er fieng auch nun durch ganz Bayern berüchtigt zu werden, jedermann erschrak jezt vor dem Namen „Hiesel" und es war dem eine ziemliche Belohnung versprochen, der ihn zur Strafe ausliefern würde.

Hiesel hatte also nun genug zu thun, den Schlingen zu entgehn, die ihm gelegt wurden, die er aebr stets mit vieler Schlauheit vermied. So hatte er gehört, daß ein Müller eine Stunde über Mahringen das Projekt gemacht habe, ihn in seine Hände zu bekommen, und daß er zu dieser Absicht sich einen ausserordentlich großen Hund zugezogen habe. Dies war genug, Hieseln auf den Gedanken zu bringen, nicht nur diesen Entwurf zu vereiteln, sondern sich auch in den Besiz dieses Hundes zu sezen, weil er glaubte, ein solches Thier könne ihm bei seinen Streifereien vielen Nuzen stiften.

Hiesel wußte, daß der Müller, der auf ihn den Anschlag gemacht hatte, ihn nicht persönlich kenne, auch nicht eben zu den Leuten gehöre, denen man gewöhnlich den Namen der Verschlagenen giebt; er gieng also, so wie er grade war in seinem grünen Kleide, zu diesem Müller, gab sich für einen Mühlknecht aus, und bat um Dienste. Dieser Müller, der vielleicht grade keinen Gehülfen brauchte, oder auch vielleicht wegen seiner Kleidung einiges Mißtrauen in Hiesel sezte, schlug dies Anerbieten aus. Hiesel ersuchte ihn hierauf, ihm wenigstens etwas zu essen zu verschaffen. Der gutherzige Müller lies ihm sogleich etwas auftragen, und sezte sich während der Mahlzeit selbst zu ihm, um sich mit seinem Gast zu unterhalten.

Hiesel ließ sich das Essen sehr wohl schmeken, und lenkte nach einigen unbedeutenden Erzählungen das Gespräch auf den berüchtigten Hiesel, er sprach von ihm als von einem seiner genauen Bekannten. „Ja, rief er, das ist noch ein Kerl! Ihr kennt ihn „nicht, aber wahrhaftig, wen er nur ansieht, dem „schaudert schon die Haut, stark ist er, wie ein wil„der Eber und klug dabei — kurz, wie man es nur „immer sein kann. Bedenkt nur, was man ihm „schon alles für Schlingen gelegt hat, aber eh' ihn

„einer fängt, hat's gute Zeit, er wittert jedes Nez, „das man ihm stellt, und jede Falle, die man ihm „legt. Sie werden ihn in keine loken, und wenn „er ja in eine fiele, ihn doch nicht festhalten können. „Ja, ja, das ist ein Kerl, wie es noch wenige gege„ben hat, und ich will meinen Kopf verlieren, wenn „er je gefangen wird."

Indem Hiesel auf diese Art fast so unverschämt, wie einige unsrer neuen Schriftsteller, sich selbst lobte, schwoll dem einfältigen Müller das Herz hoch auf.

Hoho! guter Freund, fieng er an, nur gemach! Euer Kopf sizt Euch verdammt wandelbar. Ihr glaubt, es sei unmöglich, ihn in die Hände zu bekommen?

„Ja, das glaub' ich," antwortete Hiesel.

Und ich glaub' es nicht, fiel ihm der Müller ein, der sich nun länger nicht halten konnte. Denn seht nur, erstens fürcht ich mich vor diesem Spizbuben gar nicht, und zweitens denke ich ihn auch sogar noch in meine Hände zu bekommen. Denkt nur, was mir das für eine Ehre sein müßte, wenn ich diesen Schlaukopf überlistete, was würde mir die ganze Welt für Dank schuldig sein, wenn ich diesen Friedensstörer der Gerechtigkeit überlieferte.

„Nicht so sehr, als Ihr denkt. Aber sagt mir doch, wie wolltet Ihr denn das anfangen?"

Müller. Dafür wird mein Sultan sorgen.

Hiesel. Sultan? was meint Ihr damit?

Müller. Meinen Fanghund, der soll ihn schon fassen. Müßte mich der Teufel plagen, wenn ich selbst mit dem Höllenbrand anbinden wollte. Sultan soll ihn schon halten, der hält zehn Hiesel.

Hiesel. So?

Müller. Es läßt sich nur mit ihm nicht so davon sprechen, sonst wollte ich ihm wohl beweisen, daß ich Recht habe.

Hiesel stellte sich ganz erstaunt über den Muth und die Klugheit des Müllers. Er bat ihn hierauf, er möchte ihm doch diesen wunderbaren Hund zeigen, den er nicht müde werden könnte zu loben. Dies zu thun, weigerte sich der Müller, aber Hiesel drang so lange in ihn, schmeichelte ihm und seinem Hunde so sehr, daß der Müller sich endlich entschloß, den Hund aus dem Stalle zu holen, wo er ihn, seines Grim̃es wegen beständig angeschlossen halten mußte.

Dieser Hund, der in der Geschichte Hiesels eine sehr wichtige Rolle spielt, hatte eine starke Schnauze, feurige Augen, große Pfoten und etwa die Größe eines sehr großen Kalbes. Wenn er wüthend war, hatte er ausserordentliche Kräfte. Er war übrigens bräunlich und schwarz gesprengt.

Kaum war dieser Hund in die Stube gekommen, als er sogleich anfieng zu murren, und dem angeblichen Mühlknecht seine großen weißen Zähne zu zeigen. Der Müller, der seinem Hunde nicht allzuviel traute, warnte seinen Gast und bath ihn, er möchte sich vor dem Hunde in Acht nehmen; er suchte diesen zu gleicher Zeit auf eine gute Manier aus der Stube zu schaffen. Aber dieser Versuch war vergebens. Pfeilschnell und mit der ungestümsten Wuth riß der Hund sich los und stürzte auf Hieseln zu, er pakte ihn sogleich und suchte ihn zu Boden zu reißen. Alle gütliche Ermahnungen des Müllers, ja selbst alles Schlagen und Stoßen war vergebens, der Hund schien dadurch nur noch wüthender zu werden; der Müller gab seinen Gast schon verloren, und machte sich in der größten Angst bereit, da er für Hieseln keine andre Rettung sahe, seinen vielgeliebten Hund zu erschießen.

Hiesel sah mit der größten Unerschrokenheit das Thier auf sich zu springen, er suchte den Hund auf alle Art von sich abzuhalten, er stand fest und alle Mühe des Hundes, ihn niederzureißen, war vergebens. In diesem Kampf besaß Hiesel Geistesgegenwart genug, seine Faust in den blökenden Rachen des Thieres zu drängen, das ihn zu zerreißen drohte. Nun mußte sich der Hund für überwunden erkennen; Hiesel warf ihn nun nieder, band ihn sehr geschikt mit einem Strik, den er in dieser Absicht zu sich gestekt hatte, trug den Hund so aus der Stube durch den Hof in einen nahegelegenen Wald, wo er ihn einem schon auflauernden Wildschüzen übergab, indeß der Müller noch immer voll Erstaunen mit großen

Augen und offnem Munde da stand. Hiesel schikte hierauf einen seiner Leute an den Müller, der ihm sagen mußte: er habe heut den Bayrischen Hiesel zum erstenmal, seinen Hund aber zum leztenmal gesehn.

Viertes Kapitel.

Hiesel macht sich furchtbar.

So wenig freundschaftlich die Art war, in der Hiesel und der Hund ihre erste Bekanntschaft gemacht hatten, so vertraute Freunde wurden sie doch bald. Dieser Hund war Hieseln sehr nüzlich, ja fast unentbehrlich, er verstand die kleinsten Augenwinke seines Herrn; war dieser sicher, so lag er ruhig zu seinen Füßen, in den Schenken auf dem Tische, doch rollten sich seine großen Augen immer umher, als wollte er ausspühren, ob auch wohl irgendwo sich etwas Verdächtiges zutrüge; ja er war so klug, selbst unter einer Menge von Leuten die zu unterscheiden, von denen Hiesel etwas zu befürchten hatte, welches einige abergläubische alte Mütterchen verleitete zu glauben, dieser Hund sei nichts anders, als der Teufel, der sich in diesem Thiere zur Bedienung Hiesels angeboten habe.

Während seiner dreivierteljährigen Gefangenschaft hatte Hiesel einen unversöhnlichen Haß auf die Jäger und Gerichtsdiener geworfen, er hatte ihnen Rache geschworen, und nun vereinigte er mit dem Wildschießen zugleich die Absicht, seine Rachsucht zu befriedigen und durch Mißhandlungen zugleich sich und seine Rotte furchtbar zu machen, und sich auf diese Art Sicherheit zu verschaffen. Der Sohn des Tussenhausischen Jägers Franz Baur war das erste unglükliche Opfer dieser grausamen Politik; dieser hatte schon etwas spät mit seinem jüngern Bruder die Dohnen besucht, und war unglüklich genug, auf seinem Wege diesem Schwarm in die Hände zu gerathen.

Halt! rief Hiesel, der ihn zuerst erblikte, mit einer furchtbaren Stimme. Halt! oder alle Donner —. Der arme Jäger wollte die Endignng dieser Perioden nicht erst abwarten, sondern suchte sich, so schnell als ihm nur möglich war, durch die Flucht zu retten. Hetz! hetz! rief Hiesel, und sogleich sprang sein großer Fanghund hinter den Armen her, ereilte ihn, riß ihn zu Boden und hielt ihn so lange fest, bis Hiesel mit vier seiner Kameraden ankam. Diese begrüßten ihn sogleich mit einer Menge von Hieben und Stössen, und nahmen ihm auf Befehl Hiesels seine Flinte, seinen Hirschfänger und sein Pulverhorn. Nachdem sie diesem Jäger eine Stunde über geängstigt hatten, so glaubte Hiesel, es sei ihm genug geschehn; er befreite ihn also aus den Händen seiner Plagegeister, schloß seine Lektion mit einer tüchtigen Ohrfeige und der Lehre, daß er, so lieb ihm sein Leben sei, nichts gegen ihn unternehmen solle.

Nun zog sich Hiesel mit seinem ganzen Heere in die österreichischen Waldungen hinunter. Auch hier hatte schon allenthalben das Gerücht den Namen Hiesels ausgerufen, er war schon an allen Orten bekannt, und die Obrigkeit suchte Anstalten zu treffen, diesem anwachsenden Uebel vorzubeugen. Alle Jäger und Forstbediente erhielten Befehle, Hiesels Rotte auf das schärfste zu verfolgen und sie auszurotten, auf welche Art sie nur immer könnten. Es fieng schon an kalt zu werden, und dies vereitelte viele der gemachten Plane, Hieseln gefangen zu bekommen; noch mehr aber that gegen sie die Partheilichkeit der Landleute für Hieseln, die ihn auf alle Art unterstüzten. Bei ihnen fand er in der Noth beständig einen Zufluchtsort, sie gaben ihm die umständlichsten Nachrichten von allen Anschlägen der Jäger und Gerichtsdiener, ja sie unterstüzten ihn sogar mit Geld, als ihren Beschüzer, der ihre Aeker vor den Verheerungen des Wildes sicherte. Auf diese Art wurden alle Anstalten der Gerichtsdiener und Jäger auf ihn vereitelt, und alle Mühe, alle Beschwerlichkeiten, die sie erduldet hatten, waren vergebens.

Sobald der Frühling des Jahrs 1767 die Bäume belaubte, erschien Hiesel mit seinem Gefolge in den Wäldern. Alle Gehölze um Augsburg wurden wieder unsicher. Jäger und Soldaten zogen nun mit verdoppeltem Eifer gegen ihn aus. Der erste

Kampfplaz war der waldsberger Forst. Diesen durchstreifte Hiesel eben mit sechsen von seinem Gefolge, als er unvermuthet in dem sogenannten Münsterkau auf ein Kommando Jäger und Soldaten stieß. Der Angriff geschah von beiden Seiten mit vieler Herzhaftigkeit. Da aber Hiesel sahe, daß die Anzahl der Feinde der seinigen zu sehr überlegen sei, so hielt er es diesmal für klüger, sich zurükzuziehn. Da aber ein Jägersohn von Waldberg so vorlaut war, ihn zu weit zu verfolgen, so legte Hiesel, der sich dadurch beleidigt fand, hinter den Knorren eines Baumes auf ihn an und erschoß ihn.

Hiesel sahe sich nun glüklich gerettet, allein er vermißte einen seiner Gefährten, der den streifenden Jägern und Soldaten in die Hände gefallen war. Hiesel ward über diesen Verlust sehr traurig und da er die Unmöglichkeit sahe, ihn zu retten, so schwur er, ihn wenigstens zu rächen. Er wollte auch schon die Rache ausführen, als er den Walsischen Jagdbezirk durchkreuzte und ihm der dortige Jägerknecht aufstieß; allein dieser stand nicht still, als er ihm sein „Halt!" zurief; Hiesel schoß zwar nach ihm, verfehlte ihn aber, und so mußte er mit der Hofnung, sich bei einer andern Gelegenheit zu rächen, zurükkehren.

Da ihm Niemand aufstieß, so beschloß er mit seiner Schaar, jemand aufzusuchen, an dem er seine Rachsucht sättigen könne. Die Wahl fiel auf einen gewissen Layd, Küster zu Steinkirch. Wegen seines häufigen Umgangs mit Jägern und aus mehreren Ursachen hatten sie Verdacht auf ihn, daß er sie verrathen hätte. Man entschloß sich also, seine Wohnung noch an demselben Tage zu umringen. Als Hiesel nun das Haus von allen Seiten hatte besezen lassen, gieng er mit einem seiner Gefährten unter erschreklichen Flüchen hinein. Wo ist Euer Vater? fuhr er mit fürchterlicher Stimme die Kinder an. Diese antworteten ihm, er wäre mit dem Jäger ausgegangen, und nun gab er sogleich Befehl, alle Fenster einzuschlagen. Bei dem Lärmen lief die schwangere Küsterin herbei, und flehte auf den Knien für das Leben ihres Mannes. Aber weder ihre Bitten, noch das Geheul der fünf kleinen Kinder konnten diesesmal das Herz des rachsüchtigen Hiesels erweichen. Er sezte der Mutter das aufgezogene Gewehr auf die Brust, und unter den fürchterlichsten Drohungen, ihren Mann umzubringen, schoß er es auch wirklich zweimal in die Luft. Bei den lauten Klagen des Weibes und der Kinder lachte Hiesel und ermahnte sie zum Gebet, da der jüngste Tag bald kommen werde.

Nachdem Hiesel das arme Weib über eine Stunde so geängstigt hatte, verließ er das Haus wieder und zog sich in die Churbayerschen Gehölze zurük.

Das Gerücht von dem Unfug, welchen die

Rotte Hiesels verübte, verbreitete sich nun immer weiter, die Obrigkeiten in allen Orten beschlossen nun mit Ernst, diesem Unwesen zu steuern.

Hiesel sahe diese Anstalten, die ihm bisher immer von seinem Anhange, besonders unter dem Bauernstande, der ihm allen möglichen Vorschub that, getreulich entdekt waren, ziemlich kaltblütig an. Indessen brachte dies ihn doch auf diese natürliche Idee, daß, wenn er nicht die sichersten Mittel zu ihrer Sicherheit ergriffe, wenn er nicht die ungebundene republikanische Form seiner Gesellschaft aufhöbe, und die einzelnen Glieder genauer mit dem Oberhaupte verbände, sein und seiner Kameraden Leben in der größten Gefahr schwebte. Die Republik war in Gefahr, ein Dictator mußte ernannt werden; Hiesel machte sich selbst dazu, und noch dazu zum beständigen. Er stellte nemlich allen seinen Verbündeten, mit der ganzen Kraft seiner natürlichen Beredsamkeit, die Nothwendigkeit einer unauflöslichen Verbindung und einer unverbrüchlichen Treue gegen einander in diesen gefährlichen Zeitläuften vor, und vermochte sie bald dazu, daß sie sich untereinander und dann insgesammt ihm als ihrem Oberhaupte vollkommne Treue und Gehorsam schwuren. Die wichtigsten Punkte dieses Vertrags waren, daß keiner den andern bei vorfallender Gefahr verlassen, keinem Angriffe ausweichen, oder wenigstens im Falle der äussersten

Noth sich nur mit geladenem Gewehre zurükziehn sollte.

Der Bund war geschlossen, Hiesel konnte sich auf die Treue jedes Einzelnen verlassen, aber noch nicht auf den Muth und die Standhaftigkeit eines jeden. Um diese zu prüfen, gebrauchte er die zwekmäßigsten Mittel. Er lobte die Muthigen und suchte in ihnen das große Gefühl, das der Gedanke, gefürchtet zu sein, für rohe Menschen haben muß, die sich leider nicht geachtet machen können, rege zu machen; denen, deren Muth ihm verdächtig war, hielt er ihre Pflicht vor, und ihr nun einmal unvermeidliches Schiksal, er bedrohte sie, jeden zu erschießen, den er auf einer Feigheit ertappen würde; und nun verbanden sich alle zu einer genauen Befolgung seiner Geseze.

Mit einer so gebildeten und engverbündeten Schaar zog er nun muthig aus, und oft den gegen ihn ausgeschikten Soldaten geradeswegs entgegen.

Fünftes Kapitel.

Fortsezung des Vorigen. Unterschied zwischen Dreschen und gedroschen werden. Hiesel wird eingeschlossen.

Unter seiner Schaar war ein gewisser Andreas Mayer Hiesels Liebling. Diesen nannte er seinen Buben, und die ganze Bande mußte eingestehn, daß er nach Hieseln der tapferste sei. Mit diesem und seiner Schaar zog Hiesel nun zuerst gegen die Türkheimischen Jäger, welche Hiesel im Walde unweit Simnach fand. Zwei der Wildschüzen hatten eben einen Hirsch geschossen, verstekten ihn hinter einem Busche, und giengen hierauf in einen Buchenwald, um dort ihr Mittagsmahl zu halten. Als auf diese die Jäger lauerten, sahen sie Hieseln mit den übrigen auf den Wald zu kommen, sie riefen ihm sogleich: Halt! zu. Statt der Antwort ergriffen zwei der Wildschüzen ihr Gewehr und schossen auf die Jäger. Auf diesen Lärm kamen plözlich auch die übrigen Wildschüzen ihren Gefährten zu Hilfe. Von beiden Seiten geschahen über dreißig Schüsse, doch ward nur einer von den Jägern am Kopf und Arm verwundet; Mayer aber, der sogenannte Bube, Hiesels Liebling, fiel als Gefangener den Jägern in die Hände, als er eben mit einer Kanne Bier zu seinen Freunden stoßen wollte.

Nun fiengen sich die Jäger an zurükzuziehn, Hiesel aber und seine Leute begleiteten sie mit beständigem Schießen bis nach Elwingen. Hiesel vermochte indessen dadurch doch nicht, seinen Buben aus den Händen seiner Feinde zu befreien, sondern dieser ward nach Türkheim und von da zu einer dreivierteljährigen Zuchthausstrafe nach München gebracht.

Nach diesem Gefechte zog sich Hiesel in die

Münsterhausische Förste hinab, da er aber hörte, daß der dortige Jäger im Begriff sei, gegen ihn auszuziehn, zog er sich auch von hier zurük. Aber kurz hernach überfiel Hiesel mit achten von seinem Gefolge in der Gegend des Tyrolerhofes beide Münsterhausische Jäger, Balthasar Harm und Georg Müller, er umringte sie und befahl, sie sogleich niederzuwerfen. Sie wurden von den übrigen Wildschüzen mit den Gewehrkolben zu Boden geschlagen, man nahm ihnen die Hirschfänger unter immer fortdauernden Drohungen, sie zu erschießen. Man ängstete sie so lange, bis Hiesel endlich den Befehl gab, sie loszulassen. Sie wurden frei und Hiesel gab ihnen noch die Warnung mit auf den Weg, künftig nichts gegen ihn zu unternehmen.

Nach diesem Siege verstärkte Hiesel die Anzahl seiner Rotte, widersezte sich mit Glük allen gegen ihn geschikten Kommandos und hinterließ allenthalben die Zeichen seiner Gewaltthätigkeit. Alle seine Feinde fiengen nun an, ihn zu fürchten, und die Bewohner der ganzen Gegend umher waren in der größten Erwartung, wie alles dies sich doch endlich entwikeln würde.

Im Jahr 1768 befand sich Hiesel mit einigen seiner Rotte in dem Wirthshause zu Sprengshofen. Sie sahen hier den Jäger Leonhard Schenk, der in Verrichtungen vor dem Wirthshause vorbeigieng. Da sie diesen alle haßten, so lies ihn Hiesel durch einen Wildschüzen in die Schenke laden, mit ihnen zu trinken. Der Jäger mochte vielleicht die Ursach merken, warum man ihn in die Schenke nöthigte; er entschuldigte sich daher aufs höflichste, bedauerte, daß er jezt gerade keinen Durst hätte und suchte sich so hurtig als möglich davon zu machen. Hiesel aber schikte ihm zwei Wildschüzen nach, die ihn durch Gewalt überreden sollten, in die Schenke zu kommen, da er für ihre Worte taub war. Diese holten ihn mit blossen Hirschfängern und geladenen Gewehren zurük.

Du mußt sterben! rief ihm Hiesel zu, als er kaum die Stubenthür öffnete. Der Jäger ward blaß vor Schrek. Hiesel sezte ihm nun wirklich bald das geladene Gewehr auf die Brust, im Begriff es loszudrüken, bald zog er seinen Hirschfänger und drohte ihm mit diesem den Kopf zu spalten. Stell Dich dort hin! rief Hiesel. — Der Jäger stellte sich in die Mitte der Stube. Hiesel stellte sich einige Schritt zurük und legte sein Gewehr an. „Ich „muß dir nur die Nase mitten aus dem Gesicht schie„ßen, sagte er mit schadenfrohem Lachen, damit je„der Wildschüz dich sogleich erkennen kann;“ und würklich mußte dieser arme Jäger über eine Viertelstunde, das geladene Gewehr nahe vor dem Gesicht, die Angst erdulden, daß Hiesel in jedem Augenblike seine Drohung wahr machen könnte.

Endlich sezte sich Hiesel, ließ ihn noch eine

Stunde unter den Händen seiner Kameraden, die ihn indeß mit Stössen und Hieben grausam mißhandelten. Nachdem der Jäger so an zwei Stunden gequält war, ließen sie ihn gehn und bedrohten ihn, wenn er das mindeste gegen sie unternähme, seine Hütte abzubrennen.

Bei einem kleinen Gefecht war einer von Hiesels Freunden erschossen worden, Hiesel vermuthete, diese That sei von dem Pächter auf dem Haußerhofe, Joseph Lahner, verübt worden. Hiesel versammelte seine Schaar im Wald bei dem Grabe ihres Gefährten. Hier hielt er eine Rede, worin er sie zur Rache ermunterte, nach dieser wurden ihre Stimmen gesammelt, alle waren dafür, das Haus des Pächters zu besezen. Es war im Monat December, und man machte sich sogleich am andern Tage auf den Weg. Der ganze Haufe versammelte sich im Wirthshause, hier beschworen es alle noch einmal den Plan ihrer Rache auszuführen, und nun zog man sogleich gegen das Haus des Pächters.

Die Sonne war noch nicht aufgegangen, als Hiesel die Wohnung des Pächters umringte, der Pächter dreschte eben in der Scheune, und Hiesel ließ diese sogleich umringen, damit er auf keine Art entrinnen könnte. Nun trat Hiesel mit vier seiner Wildschüzen in die Scheune und fragte den Pächter trozig: ob er keine Drescher brauche. Der Pächter erschrak und stotterte ein „Nein“. Nun wandte sich Hiesel zu seinen Gefährten: „da er uns nicht will dreschen lassen, so drescht ihn selbst.“ In eben diesem Augenblik hatte ihn schon einer mit der Flinte zu Boden geschlagen, er lag einige Zeit ohne Bewußtsein da. Als er endlich wieder zu sich kam und sich aufrichtete, zogen alle ihre Hirschfänger und hieben auf ihn ein; der arme Pächter mochte sich wenden, wohin er wollte, so begegneten ihm allenthalben Flintenstösse und Hiebe von Hirschfängern. Er ward von der einen Seite zur andern getrieben, wo er sich hinwandte, ward er zurükgestossen, ohne deshalb doch anderswo besser aufgenommen zu werden.

In der äussersten Angst versuchte es der Pächter, mit einem Sprung und mit Gewalt durch die Thür der Scheune zu dringen; aber hier traf ihn ein solcher Schlag auf den Kopf und ein so gewaltsamer Stoß in die Seite, daß er ohne Besinnung zu Boden stürzte. Da Hiesel das Blut aus den Wunden strömen sah, so schien seine Rache gesättigt. Er zog sich nun mit seinen Gehülfen zurük. Der Pächter rettete zwar nach einer langwierigen und gefährlichen Krankheit sein Leben, aber seine Gesundheit war auf immer dahin.

Kurze Zeit hierauf übernachtete Hiesel mit dreien Wildschüzen auf den sogenannten Krauthöfen. Er war diesesmal weniger vorsichtig, und dieser Mangel der Vorsicht hätte ihn für diesesmal bald seine Freiheit und sein Leben gekostet. Denn kaum war er angekommen, so ward er dem Oberamte angezeigt. In aller Stille versammelte sich in derselben Nacht ein Kommando von Fuggerisch-Kirchbergischen Jägern, die nach dem Meyerhofe, wo er sich aufhielt, zogen. Der Meyerhof wurd sogleich umringt und alle Ausgänge mit der größten Sorgfalt besezt. Nun kündigte man Hieseln und den drei Wildschüzen an, sie möchten sich gefangen geben. So unerwartet Hieseln diese Nachricht kam, so wenig erschrak er doch darüber, er verlangte mit der größten Kaltblütigkeit, man solle ihm nur noch so lange Zeit vergönnen, bis er sich angekleidet hätte; diese Frist ward ihm zugestanden. Hiesel und seine Gefährten kleideten sich in der größten Eil an und brachten ihre Gewehre in Ordnung. Nun öffnete er die Hinterthür ganz leise und stürzte sich gerüstet auf die dortstehenden Jäger, diese schossen auf sie, und einer von Hiesels Gesellen ward durch die Brust getroffen und fiel todt zur Erde. Hiesel schoß ebenfalls, hatte aber so viel Gegenwart des Geistes, daß er in dieser Lage den Schuß einer Büchse noch aufsparte. Zwei von den Jägern warfen nun ihre Gewehre von sich und eilten den Fliehenden mit bloßen Hirschfängern nach; nun wandte sich Hiesel plözlich, brannte seine Büchse ab und einer von den Jägern stürzte todt auf den Boden. Der andre Jäger erhielt in eben dem Augenblik einen Schuß mit

Schrot und einer Kugel in die Brust, fiel nieder, und lebte nur noch wenige Augenblike.

Hiesel und seine Gefährten benuzten nun die wenige Zeit, die ihnen vergönnt war, sich in den nahen Wald zu retten. Hier ladeten sie ihre Gewehre von neuem und lachten über die Unbesonnenheit ihrer Verfolger.

Beim Fallen der Schüsse sammelten sich alle Jäger, die sich um den Meyerhof zusammengezogen hatten; sie fanden nun die Körper der beiden Jäger, die in ihrem Blute schwammen und nicht weit davon den Wildschüzen, der schon mit dem Tode rang. Sie vergassen in ihrer Bestürzung, Hieseln weiter zu verfolgen; ihre gröste Sorge war jezt, die Leichname in das Haus zu tragen. Indem sie sich so mit den Todten beschäftigten, bediente sich dieser Gelegenheit der dritte Wildschüz, der aus Feigheit nicht mit bei dem Ausfall zugegen gewesen war, sondern der sich bisjezt im Keller versteckt gehalten hatte, zu entkommen.

Hiesel hatte eine Wunde erhalten, die ihn sehr schmerzte. Diese Schmerzen reizten ihn an, den Entschluss zu fassen, sich sobald als möglich an einem andern Jäger zu rächen und durch grausame Behandlung sich zu gleicher Zeit mehrere Sicherheit zu verschaffen.

Sechstes Kapitel.

Hiesels erstes Treffen. Sieg.

Als Hiesel nach einiger Zeit mit zwölfen seiner Leute den Frankenhofer Wald durchstrich und schon manches Wild erlegt hatte, sah er den Augsburgischen Forstmeister, Conrad Hasel, welcher mit einem Jägerknechte durch den Wald ritt. Dies war die Gelegenheit, die Hiesel sich schon lange gewünscht hatte. Er gieng mit seiner Rotte mit geladenen Gewehren auf sie los und brachte sie bald mitten unter seine Leute. Zwei von ihnen hielten die Gewehre dem Forstmeister auf die Brust, ein dritter sezte es ihm in den Rüken.

Hiesel befahl dem Forstmeister, seine Büchse von sich zu legen; dieser that es. Hiesel nahm sie sogleich unter schreklichen Bedrohungen, die er mit den Worten: „Nun mache dich zum Gange in die Ewigkeit bereit“ schloß und die Büchse auf den Forstmeister anschlug. So stand er lange vor ihm, indeß sein Gefangner immer in der Furcht schwebte, daß in jedem Augenblik die tödtende Kugel seine Brust durchboren würde. Nachdem er so einige Zeit gestanden, gieng er zurük und gab seinen Leuten die Erlaubniß, ihre Grausamkeiten an ihn auszuüben. Sogleich ergriff ihn einer bei den Haaren, ein andrer stieß auf ihn, ein dritter schlug ihn mit der Fläche seines Hirschfängers; so mißhandelten sie ihn, bis er endlich ohnmächtig zu ihren Füssen sank. Indem er so da lag, nahmen sie ihm seine Weidtasche, seinen Hirschfänger, sein Pulverhorn und überhaupt sein ganzes Jagdgeräthe mit dem größten Ungestüm, so daß sich darüber sein Bewußtsein wieder bei ihm einstellte. Da sie ihn wieder lebendig sahen, sprangen sie auf ihn herum und endeten damit ihre Grausamkeiten. Als dies geschehen war, ließen sie ihn liegen. Eben so war indeß der Jäger des Forstmeisters behandelt worden, sie hatten ihm sein Jagdgeräthe genommen und ihn dann so lange geschlagen, bis sie es selbst überdrüßig waren.

Auf ihrem Wege stießen ihnen zwei Bauern auf, von denen sie glaubten, daß sie sie verrathen hätten. Es scheint, als wären sie durch ihre vorige Grausamkeit jezt abgehärteter gewesen, als sonst; denn sie überfielen diese sogleich mit gezükten Hirschfängern und behandelten sie eben so, als den Forstmeister und seinen Bedienten.

Nach einiger Zeit befand sich Hiesel mit einer großen Anzahl seiner Untergebenen auf dem Schreppacher Hofe; unglüklicher Weise kam an demselben Tage der Jäger von Richertshausen, Anton Möseler, hieher. Er wollte nemlich hier um einen Wagen, Holz fortzufahren, bitten. Hiesel gab sogleich Befehl, diesen Menschen genau zu beobachten, damit sie, wenn er seinen Rükweg anträte, ihren Muthwillen an ihn auslassen könnten. So lange der Jäger im Wirthshause war, thaten Hiesel und alle seine Gefährten sehr freundlich und zutraulich gegen ihn. Dieser aber, der der ganzen Gesellschaft nicht viel Gutes zutraute, schlich sich aus der Gaststube in den Garten, der an das Haus stieß, von wo er Willens war, über den Zaun zu klettern, und sich so heimlich auf das Feld zu begeben und davon zu machen. Einer von Hiesels Gesellschaft, mit Namen Sternbutz, beobachtete ihn aber so genau, daß er ihn in den Garten gehn sah und seine Absicht zugleich vermuthete. Dieser gieng ihm nach, riß ihn zu Boden und hielt ihn so lange fest, bis auch die übrige Gesellschaft hinzukam und ihn auf jede Art mißhandelte. Doch damit war der eine unter der Schaar, der Sternwirth von Tannhausen *), nicht zufrieden, er be-

*) Der Name dieses Wilddiebes erinnert sogleich an den berüchtigten Sonnenwirth, den die Leser alle aus dem ersten Hefte der Thalia kennen werden, wo Herr Schiller sein Leben unter dem Titel: Verbrecher aus Infamie so erzählt hat, wie — nur er es erzählen konnte. Der Erzähler überspringt da manche unwichtige Periode aus dem Leben des Sonnenwirths, unter welche vielleicht auch seine Dienstjahre beim Hieselschen Korps gehören. Wir werden nachher sehen, daß nach der Gefangennehmung Hiesels seine Rotte nichts weniger als zerstreut ward, nur einige wurden mit ihm gefangen und bestraft. Vielleicht daß nach seinem Tode dieser Sternwirth ihr Anführer ward? Die Verschiedenheit der Namen

hauptete durchaus, er müßte das Blut dieses Elenden fließen sehn. Sogleich stimmten alle übrigen ihm bei und riefen mit vereinigter Stimme: Wir müssen Blut sehn! Sie sprangen nun auf ihn umher und schlugen indeß beständig auf ihn zu, bis Hiesel endlich unter sie trat und er von dieser Quaal befreit ward. Hiesel nahm nun seinen Hirschfänger, zükte ihn über den Jäger und drohte ihm den Kopf zu spalten, indeß ein andrer ihm die geladene Büchse auf die Brust sezte und beide ihn ermahnten, jezt an die Ewigkeit zu denken, in welche er jezt die Reise antreten würde. Es waren bei diesem Vorfall eine Menge Bauern zusammengekommen, sie baten alle, der Quaal des armen Jägers doch ein Ende zu machen; Hiesel willigte endlich in ihre Bitten, nachdem er an eine halbe Stunde den Armen beständig mit der Furcht vor dem Tode gequält hatte; er ließ den Jäger nun, der auf den Tod verwundet war, forttragen, indeß seine Rotte noch über das unglükliche Schlachtopfer ihrer Grausamkeit spottete.

Nach diesem Vorfall begab er sich mit seiner ganzen Schaar gegen die in Schwaben gelegene Churbayrische Stadt Wertingen hinab; er war klug genug einzusehen, daß er hier am sichersten sei. Denn

Sonnenwirth und Sternwirth macht hier nichts aus, sie stammen beide von dem Schilde seiner ehemaligen Kneipe.

in dieser Gegend gränzen die Gebiete verschiedener Fürsten aneinander, wenn also der eine Fürst etwas gegen ihn unternahm, so konnte er sich in wenigen Stunden in dem Gebiet eines andern befinden, wo er sich denn wenigstens für einige Zeit in Sicherheit sahe.

Er befand sich nun auch wirklich bald in dem einen Lande, bald in dem andern, so trieb er sich einige Zeit beständig herum, in welcher keine Gegend sich vor andern des Glüks rühmen konnte, ihn unter ihre Bewohner zu zählen. Einst befand er sich auf seinem Herumstreifen in der kaiserlichen Grafschaft **Burgau**, auf dem Zollhause ohnweit **Binswangen**; er ward sogleich verrathen, und ein Kommando kaiserlicher Soldaten ward abgeschikt, ihn aufzuheben. Er hörte sogleich durch seine Spione von diesem Plan, ja er ward von allen Umständen so genau benachrichtigt, daß es ihm einfiel, mit seinem Heere dem feindlichen entgegen zu gehen. Er befahl seinen Leuten, sich zu bewafnen, und vollkommen gerüstet rükte er den Soldaten in das Dorf entgegen. Kaum kam er dem Kommando der Soldaten nahe genug, so gab er sogleich Befehl, auf sie zu feuern. Dies geschahe und die Soldaten zogen sich, da sie sahen, daß ihre Feinde so tollkühn waren, mit grosser Eil in das Schloß des Dorfes zurük. Hiesel war so enthusiastisch muthig, so verwegen, daß er sich schon bereit machte, das Schloß zu bestürmen; dies würde auch geschehen seyn, wenn er nicht auf die Vorstellungen und die Bitten vieler Bauern, seiner Freunde, seinen verwegnen Entschluß verändert hätte.

Er erfuhr nach einigen Tagen, daß der Zollaufseher zu Binswangen eigentlich die Ursach gewesen sei, daß man dies Kommando gegen ihn geschikt hatte. Er beschloß auch jezt wieder, sich zu rächen und durch ein Beispiel andre von ähnlichen Unternehmungen, ihm schaden zu wollen, abzuhalten. Er umringte mit seiner Schaar das Haus noch an demselben Abend, da er die Nachricht erhalten hatte. Alle Fenster wurden sogleich mit den Hirschfängern eingeschlagen; der Zollaufseher, der über diesen Lärm erschrak und Hieseln nicht so nahe vermuthete, stürzte aus dem Hause und gerieth so seinen Feinden in die Hände. Hiesel sezte ihm ein Gewehr auf die Brust und drohte, ihn, sobald er etwas ähnliches gegen ihn unternehmen würde, zu erschiessen. Hierauf ließen sie den bestürzten und zitternden Zollaufseher wieder in Freiheit.

Siebentes Kapitel.

Fernere Gewaltthätigkeiten des Hiesel.

Hiesel zog sich nun aus dieser Gegend nach Etternbayern, ein Reichsstift, welches zu der Wetterhausischen Herrschaft gehört.

In dem dasigen Wirthshause befand sich ein

Jäger von Schönenberg, Wolfgang Mögeln, welcher Hieseln und seiner Rotte sehr verhaßt war. Hiesel trat nun mit seiner ganzen Schaar in die Stube, wo sie sogleich den Gegenstand ihres Hasses vor sich sizen sahen. Hiesel ließ sich eine Kanne Bier geben, und bot dem Jäger einen Trunk an; dieser aber, der Hiesels Art Freundschaft zu stiften wohl kannte, schlug diesen aus. Dies war das Zeichen zur Schlacht; man beschloß, diese Beleidigung Hiesels zu rächen. Man zog die Hirschfänger und trieb zuerst alle übrigen Gäste aus dem Wirthshause, um sich Raum zum Kampfplaz zu machen. Als die Stube leer war, gieng Hiesel in der Linken die gespannte Kugelbüchse haltend, in der Rechten den entblößten Hirschfänger auf den Jäger los. Er gab ihm drei Hiebe in den Kopf und vier in den Arm, stellte dann seinen großen Fanghund auf den Tisch, hezte ihn in dieser Stellung auf den verwundeten Jäger und ließ ihm auf diese Art verschiedene Bisse geben, die ihn völlig lähmten. Hiesel ließ ihn nun von seinen Leuten aus der Stube in die Küche schleppen, wo er von diesen aufs neue mit Schlägen und Stößen gemißhandelt ward; dieser Jäger wäre auch gewiß unter diesen Grausamkeiten umgekommen, wenn man nicht einen Geistlichen zu Hieseln geschikt hätte. Dieser wußte Hieseln so zu rühren, daß dieser endlich befahl, dem Jäger nichts mehr zu thun, der ohnmächtig auf dem Boden lag. Er zog sich nun mit seinen Leuten zurük, nachdem er dem Jäger noch zuvor den Hirschfänger und das Schießgewehr abgenommen hatte.

Alles war nun im Wirthshause wieder beruhigt, der Wirth und der Geistliche verbanden die Wunden des Jägers, und Hiesels Leute sassen in der Stube und tranken; Hiesel selbst stand mit einem seiner Gefährten, einem gewissen Studele, in der Thür des Hauses. Der Amtsknecht von Goeggingen, Baptist Meng, gieng jezt vor diesem Wirthshause in Amtsgeschäften vorbei, und Studele rief ihm sogleich mit starker Stimme zu: „Wo kommst du her?“ Meng, der eben den Fragenden nicht für eine so wichtige Person ansehn mochte, dem er durchaus antworten müsse, zog die Nase in die Höhe und legte so viel Majestät, als ihm nur in dem Augenblik möglich war, in sein Gesicht; mit einem verächtlichen Blik auf den Gefährten Hiesels sagte er: „Seid Ihr hieher gestellt, Leute in ihren Amtsgeschäften aufzuhalten?“ und mit dieser Antwort sezte er steif und zeremoniös seinen Weg weiter fort. Studele aber, der weder sein Amt, noch sein majestätisches Wesen zu schäzen wußte, eilte ihm mit entblößtem Hirschfänger nach und brachte ihm einige Hiebe bei. Da Meng diese mit dem Arm auffieng, so ergriff Studele voll Wuth seine Flinte und schlug ihn damit zu Boden; Hiesel kam nun mit seinem grossen Hunde hinzu, schlug auf ihn mit seinem Gewehr bis er ermüdet war, dann hezte er seinen Fanghund auf ihn und ließ ihn so lange herumzerren, bis zwei Bauern herbeigekommen waren, welche es bei Hieseln endlich durch ihre Bitten so weit brachten, daß er den Hund von dem Amtsknecht, der auf dem Boden lag, zurükriß. Dieser bediente sich sogleich dieses Augenbliks und lief so schnell, als er vielleicht noch niemals gelaufen war, in ein Bauerhaus. Hierüber erwachte die Wuth Studeles von neuem, er verfolgte ihn auch hier; da er aber die Thür verschlossen fand, und er also nicht in das Haus hinein kommen konnte, zerschlug er im Grimme alle Fenster und alles, was er an zerbrechlichen Sachen nur erreichen konnte.

Hiesel zog nun mit seinen Kameraden durch die ganze Gegend, schoß das Wildpret, das ihm aufstieß und bestrafte manche Jäger, die vorwizig genug gewesen waren, etwas gegen ihn zu unternehmen. Im Jahre 1769 am 14 September befand er sich in dem Wirthshause zu Breitenthal, wo er sich nach manchen Beschwerden, Streitigkeiten und Händeln endlich einmal wieder erholen und etwas zu gute thun wollte, er lermte und trank hier mit seinen Begleitern und machte sich auf alle Weise lustig. Er hatte sich aber kaum hier einige Zeit befunden, so ward sein Aufenthalt sogleich denen, die ihm nachstellten, verrathen. Man schikte daher von Roggenburg ein Kommando Soldaten gegen ihn aus; aber kaum war dies aufgebrochen nach dem Dorfe zu, wo Hiesel sich befand, so hatte auch schon Hiesel von seinen Freunden Nachricht von diesem Unternehmen erhalten. Hiesel theilte sogleich allen seinen Leuten die Gefahr mit, die ihnen bevorstünde und rüstete sie zur Gegenwehr: statt also zu fliehen, stellte er sich mit seiner gaujen Schaar auf dem Plaze vor dem Wirthshause; hier erwarteten alle mit großer Ruhe den Feind, mit dem Entschluß, ihn zu bekämpfen. Kaum sah Hiesel einige der gegen ihn Abgeschikten, so gieng er sogleich mit geladenen Gewehren auf sie zu und forderte sie zum Kampf auf. Diese hatten einen solchen Empfang wahrscheinlich nicht vermuthet, und das ganze Kommando Soldaten zog sich daher eilfertig in den nächststehenden Bauerhof zurük. Hiesel verfolgte sie mit seiner Schaar mit dem größten Ungestüm; einer seiner Gefährten, der Bayrische Hansel, drükte sein Gewehr auf einen Gefangenen ab, Hiesel selbst aber machte einen Korporal zu seinem Gefangenen, diesen prügelte er, gegen das Kriegsrecht, mit seinem Hirschfängrr ab, und verwundete ihn dann im Arm, um zu erfahren, wie er sagte, ob dieser wirklich so stark und fest sei, als man vorgegeben habe. Als Sieger kehrte Hiesel unter Freudengeschrei seiner Untergebenen in das Wirthshaus zurük.

Hiesels Muth und Tapferkeit war wirklich zu bewundern, daß er ein Kommando regulirter Soldaten,

daten, das noch überdies an Anzahl weit die Anzahl seiner Leute übertraf, so glüklich zurükgeschlagen hatte; alle, selbst seine Leute, erwarteten nun, er würde sich jezt zurükziehn und sich in Sicherheit zu bringen suchen. Allein sein Glük hatte ihn diesmal so kühn gemacht, daß er nicht nur mit der größten Verwegenheit den ganzen Tag noch im Wirthshause blieb und die Feigheit seiner Feinde verspottete, sondern daß er sogar am folgenden Morgen mit vier seiner Genossen nach Roggenburg hin aufbrach.

Er kam mit seinem Gefolge an, und trat mit einem Stolz, als wenn er den Ort so eben erobert hätte, in das Wirthshaus.

Eine Mahlzeit für mich und meine Leute! rief Hiesel, als er in die Stube trat, und warf sich in einen Stuhl.

Der Wirth stand mit gekrümmtem Rüken da, mit einem Gesicht, das zwar Muth ausdrüken sollte, auf welchem sich aber nur zu deutlich die größte Feigheit mahlte, und hielt ihm mit zitternden Händen ein Verbot der Herrschaft hin, in welchem die Worte standen: „Wie und welchergestalt der zur härtesten Strafe gezogen werden sollte, der dem bayrischen Hiesel Vorschub thäte in irgend einer Sache, der ihn in seinem Hause bewirthete, oder — — Ihr seht also, stotterte der Wirth — —

Ei was! rief Hiesel, und schlug ihm das Papier aus der Hand, gieb uns nur die Küchen- und

Kellerschlüssel; wir wollen uns schon selbst bewirthen, oder willst Du sie uns nicht geben? nun gut, wir werden sie schon zu finden wissen.

Ungewiß, was er thun sollte, verließ der Wirth das Zimmer. Das Gerücht, daß der Bayersche Hiesel hier sei, hatte sich indeß schon durch den ganzen Ort ausgebreitet; kaum hatte also der Wirth das Zimmer verlassen, als ein Abgeordneter des Oberamts zu Hiesel hineintrat. Hiesel saß still und erwartungsvoll, was dieser von ihm wolle. Dieser elende Abgesandte, der sich nicht der freundschaftlichsten Bewirthung versahe, fieng nun seine Anrede an, auf die er ängstlich den ganzen Weg über studirt hatte: „Wie ein hochlöbliches Oberamt durch seine „Wenigkeit einem Bayrischen Hiesel andeuten lasse, „in einer Viertelstunde sich nicht nur aus dem „Wirthshause, sondern aus dem ganzen Orte zu „entfernen.“ Er wollte eben mit einer Verbeugung enden, als Hiesel wie von einer rasenden Begeisterung ergriffen, aufsprang, auf den Boden stampfte, daß der Abgesandte mit dem Ausdruk des größten Schrekens zusammenfuhr und sich in eine Eke des Ofens retirirte. Hierauf ergriff Hiesel seine Flinte, legte sie auf die Schildwacht, die den Abgeordneten eskortirt hatte, und drohte sie zu erschießen, wenn sie sich nicht sogleich davon machte. Der Soldat bediente sich dieser Erlaubniß mit der größten Eilfertigkeit. Nun wandte sich

Hiesel zu dem zitternden Abgeschikten und sprach zu ihm in einer Begeisterung, in der man ihn bis jezt noch nicht gesehn hatte:

„Verzagter! geh zurük zu Deinem hochlöbli„chen Oberamte und sage ihm, daß ich seine Be„fehle und Drohungen verachte, Laßt eure ganze „Besazung mir entgegenrüken, dann wollen wir „Mann gegen Mann fechten, aber man vergesse „auch nicht einen Wagen mitzuschiken, um die „Todten und Verwundeten zurükzuführen. Aber „geschieht dies, so schwör' ich euch bei allen Teu„feln, daß, wenn ich die Oberhand behalte, wie „ich sie denn gewiß behalte, ich mit meinen Leu„ten die Thore des Klosters zerbreche, euren Reichs„prälaten in seinem eigenen Zimmer erschieße, die „Leiche in den Fluß werfe und dabei aus dem Fen„ster sehe, wie der ehrwürdige Herr schwimmen „lernt. — Und nun geh!“ —

Bei diesen Worten wandte er sich verachtungsvoll hinweg und der arme Ambassadeur extraordinaire bediente sich dieses günstigen Augenbliks, aus der Thür zu schlüpfen.

Hiesel hielt sich nun noch einige Zeit im Wirthshause auf, verließ dann, nachdem er genug Proben seines Stolzes und seiner Verachtung aller Drohungen gegeben hatte, den Ort und zog mit Gemächlichkeit weiter.

Achtes Kapitel.

Hiesels Treffen mit den Soldaten von Augsburg.

Sowohl dieses so wohl gelungene Wagstük, als auch andre verbreiteten über die ganze Gegend Furcht und Schreken, ein jeder seiner Feinde entsezte sich, wenn er nur den Namen Hiesels nennen hörte, und fast keiner wagte mehr so zuversichtlich, als sonst, etwas gegen ihn zu unternehmen. Daher kam es auch, daß er in allen Gegenden nach seinem Gefallen herumschwärmte, ohne sich um die obrigkeitlichen Verordnungen zu kümmern, die ihn allenthalben verfolgten; es konnte daher nichts gegen Hieseln unternommen werden, weil er von allen Verfolgungen sogleich Nachricht erhielt, und weil sich Niemand mehr gegen ihn wagen wollte.

Im Jahr 1770 ward Hiesels Ruf und die Furcht vor ihm immer weiter verbreitet. Gleich im Anfang des Jahrs befand er sich in dem Marktfleken Buchloe, hier erfuhr er, daß man ein Kommando gegen ihn schike, ihn aufzuheben. Er faßte den Entschluß, sich seinen Feinden zu widersezen, er stellte sich also mit seinen Gefährten auf der Straße gegen das dasige Zuchthaus. Kaum ließ das Kommando sich sehen, so erwartete er nicht einmal erst den Angriff desselben, sondern er rükte ihm sogleich entgegen und befahl seinen Leuten Feuer zu geben, in demselben Augenblik stürzten zwei von der feindlichen

Seite tödtlich verwundet zu Boden, die übrigen zerstreuten sich erschroken. Hiesel, der den Sieg auf die Art davon getragen hatte, ließ nun noch einige Flinten in das Zuchthaus und die nahgelegenen Wohnungen abschießen.

Voll Stolz wegen dieses glüklichen Siegs und mit neuem Muth beseelt zog sich Hiesel jezt zurük. Auf dem Rükwege begegnete ihm der Amtsdiener von Blauhofen, Georg Teifler; unter den schreklichsten Flüchen befahl ihm Hiesel, still zu stehn. Dieser hatte den Muth, ungeachtet er Hiesels und seiner Rotte Grausamkeit kannte, diesen Befehl zu gehorchen und willig sich ihnen entgegen zu stellen. Er ward sogleich von Hieseln und vier Wildschüzen umringt, die ihm die Spizen ihrer Hirschfänger auf die Brust sezten. Dann schlugen sie ihn mit den Klingen und hezten den Hund auf ihn. Hiesel faßte ihn endlich selbst bei der Brust und wollte ihn, wie er schon vielen andern gethan hatte, zu Boden werfen; aber dieser Teifler, der eben so gewandt und stärker als Hiesel war, faßte ihn mitten um den Leib und warf ihn mit der größten Leichtigkeit nieder, er stürzte sich dann selbst über unsern Held, in der Absicht, seine erlittne Mißhandlung an ihn zu rächen. Aber er erhielt sogleich von Hiesels Begleitern drei Wunden über den Arm, denen bald mehrere folgten, bis es endlich Hieseln gelang, sich unter seinem Bezwinger hervorzuarbeiten. Nun gab er dem Amtsknecht sogleich einen Hieb über die linke Hand, der ihn sogleich ausser Stund sezte, noch irgend eine Gegenwehr zu thun; auch die Gefährten Hiesels fuhren fort, ihn mit Stößen und Schlägen zu mißhandeln, indeß ihm auch der Hund viele Wunden beibrachte, so daß dieser Elende unfehlbar umgekommen sein würde, wenn nicht sein Vater mit Knechten und Hunden ihm zu Hülfe geeilt wäre, und ihn noch diesesmal aus den Händen seiner Peiniger mit genauer Noth errettet hätte.

Hiesel war über diesen Schimpf, überwunden zu sein, so aufgebracht, daß er dem Amtsknecht einen unvermeidlichen Tod schwur, wenn er hörte, daß er sich je seines Sieges über ihn rühmen würde.

Ungefähr nach einem Monat am 7. Februar kehrte er wieder in den Marktflekken Buchloe zurük. Er gieng sogleich mit dreizehn seiner Gefährten in das dortige Posthaus, hier fanden sie einen Fremden, dem sie auf jede mögliche Art grob begegneten. Vom Posthause gieng Hiesel mit seiner Schaar vor das Amtshaus, er schimpfte die hier befindliche Wache, und forderte sie zum Treffen auf; da diese es aber für klüger hielt, sich zurükzuziehn und Niemand sich ihm weiter widersezte, so schoß er fünf Kugeln in das Amtshaus ab und verließ dann wieder den Flekken.

Er zog sich nun weiter hinunter nach Augsburg, denn er wollte gern so viel als möglich allen Gegenden die Ehre seines Besuches gönnen, auch in den Gegenden des Lechs und der Wertach wollte er kühn allen Gefahren entgegengehn und sich hier ewig grünende Lorbeern pflüken.

Seine Schaar hatte sich jezt um eine große Anzahl vermehrt, er hatte also nun die kleinen Angriffe auch nicht mehr so zu fürchten, aber es war ihm auch um so beschwerlicher, diese größere Armee zu unterhalten und unmöglich war es ihnen, lange an einem Orte verborgen zu bleiben. Kaum erhielt man daher die ersten Nachrichten seiner Ankunft, als auch schon dafür gesorgt ward, ihn nach Würden zu empfangen; man schikte mehrere Kommandos aus, Hieseln mit seiner Schaar entweder aufzuheben, oder doch wenigstens zu vertreiben.

Am 7. März 1770 ward zuerst ein sehr starkes Soldatenkommando von der Reichsstadt Augsburg ausgeschikt. Hiesel befand sich mit seinen Gesellen in dem Dorfe Pfersen, und das feindliche Kommando begab sich nach Kriegshaber, schwenkte sich aber am andern Tage nach Pfersen, in der Absicht, den langen und sehr engen über die Wertach geschlagenen Steg zu besezen.

Schon lange war Hiesel von diesem Unternehmen benachrichtigt worden, es waren ihm alle Wege und Mittel gezeigt, sich zu retten; aber Hiesels (man nenne es nun Tapferkeit oder Unbesonnenheit) gab dies nicht zu. Sein erster Gedanke war, dem Kommando nur von fünf seiner Leute begleitet entgegen zu gehn, und sich in ein Treffen mit ihm einzulassen; denn ob es gleich Soldaten waren, so waren es doch nur Reichsstädtische. Hiesel hat in keiner von allen seinen Expeditionen mehr Klugheit und Erfahrung gezeigt, als in dieser, und es ist zu bewundern, wie er seinen Zug so anordnen konnte, da er nie in einem Krieg zugegen gewesen war, auch nie etwas über die Art Krieg zu führen gelesen hatte: denn er gieng dem Feinde nicht mit Unbesonnenheit entgegen, dem Glük es überlassend, wen es begünstigen wolle, sondern er suchte seinen Nachstellern zuvorzukommen und den Pfersensteg eher denn sie zu besezen. Dies gelang ihm auch wirklich. Wenige Schritte von diesem Stege steht gegen das Dorf Pfersheim zu eine kleine Kapelle, um welche mehrere Bäume gepflanzt sind; diese Kapelle besezte Hiesel mit seinen Leuten sehr vorsichtig, denn er hatte nun den Steg vor sich, auf dem wegen seines engen Raums nur immer zwei Leute nebeneinander gehen konnten. Er befahl nun seinen Gefährten nicht selbst zu schießen, welches hier sehr unnüz gewesen wäre, sondern nur ihm und dem Tyroler, welcher jezt sein Vertrauter war, beständig die Gewehre zu laden. In dieser Verfassung erwartete man den Feind, der über den Steg anrüken sollte. Der Anführer erstaunte ausserordentlich, da er sahe, daß man ihm das prævenire gespielt hatte, er sahe es ein, daß wenn er auch mit Gewalt über den Steg dringen wollte, nothwendig die Hälfte seiner Leute darauf gehen müßten, ehe man Hieseln nur nahe kommen könnte; er gab also Befehl, still zu halten. Dieser Befehl ward auch von allen befolgt, ausser von drei vorwizigen jungen Helden, die ohne Ursach und vielleicht ohne selbst zu wissen warum, anfiengen über den Steg zu marschieren. Hiesel, der sie ankommen sah, befahl ihnen mit lautem Lachen, sich zurükzuziehen; Hiesels spöttlische Drohungen aber waren eben Ursach, daß diese tollkühnen Ritter immer weiter vorrükten, Hiesel schoß also, sie zu warnen, eine Büchse in die Luft. Diese Großmuth ward von ihrer Seite mit einem gleichen beantwortet. Der Tyroler, welcher nach seinem Befehlshaber der geschikteste Schüze unter Hiesels Rotte war, brannte ebenfalls zur Warnung seine Flinte in die Luft ab. Da aber jene diese Warnungen nicht achteten, immer weiter vorrükten und mit Schießen immer fortfuhren, so ergriff der Tyroler endlich seine Büchse und schoß den Mittelsten dieser Tollkühnen so gerade ins Herz, daß er sogleich todt zu den Füßen seiner beiden Gefährten niederstürzte.

Der Anführer sah nun die Unmöglichkeit noch deutlicher ein, unter diesen Umständen etwas über Hiesel zu gewinnen, er befahl also seinen Leuten sich zurükzuziehen. Diese thaten es auch, und nahmen die Leiche ihres Kameraden mit. Hiesel, der noch einige Zeit verweilt hatte, zog sich dann auch gemächlich zurük, jedoch mit aller Vorsicht, daß kein feindliches Kommando ihm in den Rüken fallen und ihm den Weg in die Burgauischen Gehölze, den er sich vorgesezt hatte, abschneiden möchte.

Diese That trug viel dazu bei, Hieseln jezt noch berühmter zu machen, als er schon war; er sezte nun in sich selbst immer mehr Zutrauen, und der glükliche Erfolg spornte ihn zu immer größern Unternehmungen an; durch diese That erwarb er sich auch zu gleicher Zeit das vollkommene Vertrauen aller seiner Leute. Sein Heer ward nun immer stärker, denn nach diesem glorreichen Siege erhielt er einen starken Zulauf von allem Gesindel in der ganzen Gegend umher, die sich unter einem so berühmten Oberhaupte hervorzuthun wünschten. Hiesel nahm sie meist alle an und verstärkte durch sie seine Menge.

Neuntes Kapitel.

Hiesel findet seinen Liebling, den Buben wieder; er buhlt durch Geschiklichkeit um den Beifall des Volks. — Verlohrne Schlacht. — Rükzug aus dieser Gegend. Neue Grausamkeiten. — Hiesel gerächet.

Welche Freude empfand Hiesel, als er einst unter mehreren neuen Ankömmlingen seinen getreusten Gefährten, den sogenannten Buben, seinen Liebling wiederfand. Dieser hatte nach dem unglüklichen Treffen bei Türkheim kaum seine dreivierteljährige Zuchthausstrafe überstanden, als er sogleich geeilt war, seinen Gebieter wieder aufzusuchen. Seine

Gefangenschaft hatte nur dazu gedient, daß er seine Lebensart, die er jezt wieder betrat, um so reizender fand.

Mit der größten Freude nahm Hiesel diesen Gefährten wieder in seine Gesellschaft auf, und mit eben so großer Freude fügte der Bube sich wieder unter die Befehle seines Gebieters; Hiesel war nun von der vollkommnen Treue seines Lieblings überzeugt, und nahm ihn mit den theuersten Versicherung auf, seine Gefangenschaft und erlittene Drangsale nachdrüklich zu rächen und alle seine Plagen allen Forstbedienten und Gerichtsdienern mit Zinsen wieder zu ersezen. Er würdigte ihn von nun an auch eines vertrautern Umgangs; er machte sich jezt kein Bedenken daraus, ihm seine geheimsten und wichtigsten Plane anzuvertrauen. Er trug ihm auch das Geschäft auf, ein geheimer Beobachter des Benehmens aller seiner Leute zu sein, auf deren Treue er sich nicht durchgängig verlassen konnte.

Hiesel gieng nun mit neuem Zutrauen mit seinem verstärkten Heere allen Gefahren tollkühn entgegen; er forderte gleichsam das Glük, das ihm bis jezt immer günstig gewesen war, heraus, bis es endlich seiner Nekereien müde wurde.

Bald nach dem Siege bei dem Pfersenstege begab sich Hiesel mit seinem Heere nach Kallmünz bei Augsburg, wo die Bauern eben den Nachtag des Kirchweihfestes feierten. Hiesel, der Bube und fünf andre kehrtrn sogleich in dem Wirthshause zu den drei Kronen ein.

Hiesel bestellte sogleich, als er kaum in die Schenke getreten war, die nöthigen Wachen. Er besezte die Thür, andre beorderte er auf die Straße, die auf die kleinsten Bewegungen genau Acht geben sollten. Nachdem er sich so vollkommen sicher glaubte, fieng er an zu trinken, zu tanzen und alle Arten der ausschweifendsten Belustigungen sich zu erlauben.

Der Ruf von seiner Anwesenheit verbreitete sich sogleich durch das ganze Dorf, eine Menge Leute kamen herbei, den Mann zu sehen, von dem man so unglaubliche Thaten gehört hatte. Alle bewunderten ihn, einige, weil sie ihn würklich für einen Menschen hielten, dem sie viel zu danken hätten, indem er das überflüßige Wild erlegte; andre gewannen ihn lieb wegen seines guten Aeussern, andre bewunderten ihn wegen seiner Fertigkeit im Schießen, noch andre seiner Schlauheit wegen, die er stets in Vermeidung der ihm gelegten Schlingen gezeigt hatte.

Er suchte auch diese Neigung, die er bei diesen Landleuten gegen sich bemerkte, auf alle Art zu vermehren; er hielt daher zu einer großen versammelten Menge eine Rede, worin er ihnen mit den lebhaftesten Farben die Verdienste mahlte, die er um den Landmann hätte, indem er seine Aeker vor den Verheerungen des Wildes sicherte, wie er zu gewaltthätigen Mitteln seine Zuflucht nehmen müßte, um sich vor den Nachstellungen der Jäger und Gerichtsdiener zu sichern, da er keine andre Art wisse, sein Leben zu schüzen.

Als Hiesel seine Rede geendet hatte und seine Zuhörer noch mit geöffnetem Munde da standen, nahm er seine Büchse und schoß einer Henne, die auf dem Ofen saß, den Kopf herunter. Dies vermehrte noch mehr das Erstaunen der Bauern, welches aber durch eine noch grössere Geschiklichkeit auf den höchsten Grad gebracht ward. Hiesel ließ sich nemlich auf der Straße in einer Entfernung von zwanzig Schritten von seinem Buben ein Spiel Karten vorhalten, welches er mit einem Flintenschuß in der Mitte durchlöcherte. Dies erwarb ihm den allgemeinen Beifall und die Bewunderung der ganzen versammelten Menge, jeder versprach ihm seinen Beistand, und mehrere fiengen an, ihm Geschenke zu machen. Jeder machte sich nun ein Vergnügen daraus, Hieseln nach seinen Vermögensumständen zu beschenken.

Indem Hiesel noch im Begriff war, Lob und Geld einzuerndten, erhielt er von einem ausgestellten Aufpasser die Nachricht, daß ein Reuter im Amtshause angelangt sei und daß dieser wahrscheinlich der Vorbote eines nachfolgenden Kommando's wäre. Hiesel hörte diese Nachricht mit der größten Unerschrokenheit, worüber alle umherstehende Bauern erstaunten, er befahl mit großer Kaltblütigkeit, daß alle seine Leute sich zur Gegenwehr rüsten sollten; dem Boten, der ihm die Nachricht gebracht hatte, gab er den Auftrag, auf den Reuter genau Acht zu geben und sein Pferd, wenn er zurükkehren wollte, zu erschießen. Mit der größten Ernsthaftigkeit und Autorität hielt dieser Wildschüze nun den Eingang des Amthauses besezt; aber da der Reuter troz seiner Wachsamkeit dennoch Mittel gefunden hatte zu entwischen, so zog dieser sich von seinem Posten zurük und durchsuchte sehr emsig alle Gassen des Dorfes.

Hiesel hatte indeß schon gewisse Nachricht erhalten, daß ein Kommando gegen ihn in Anmarsch sei, und aller Bitten ungeachtet, sich durch die Flucht zu retten, machte er sich zur Gegenwehr gefaßt. Er stellte sich mit seinen Leuten mitten auf dem Plaz, jeder mußte sein Gewehr von neuem laden, und in dieser Stellung ward der anrükende Feind erwartet. Nun kam noch eine ausgestellte Schildwacht, welche die Nachricht brachte, daß das Kommando schon ganz nahe sei; als einen Beglaubigungsschein brachte dieser Bote zugleich eine erbeutete Flinte mit, die er einem Gerichtsdiener unter Bedrohung des Todtschiessens abgenommen habe.

Hiesel beschäftigte sich noch damit, diese tapfere That zu loben, als ein Churbayrisches Kommando auf das Wirthshaus zu rükte, in der Meinung, daß Hiesel mit seinen Leuten sich noch drinnen befinde.

Den ersten, welchen Hiesel erblikte, strekte er durch einen Flintenschuß sogleich todt zu Boden; der Bube, der neben ihm stand, brannte ebenfalls seine Büchse ab, ein andrer fiel nieder tödtlich verwundet. Nun schossen alle Wildschüzen ihre Flinten ab, das feindliche Kommando aber zeigte sich nicht minder thätig und schien die Absicht zu haben, Hieseln durchaus besiegen zu wollen. Hiesel sah endlich, daß es ihm diesmal unmöglich sein würde, Sieger zu sein; er befahl daher seinen Leuten, sich nach und nach zurükzuziehn; dies geschahe auch, das Kommando welches Hieseln verfolgte, erhielt aber noch manchen Schuß von den fliehenden Wildschüzen; denn Hiesel hatte es sich zum Gesez gemacht, auch auf dem Rükzuge dem Feinde so vielen Schaden als möglich zu thun. Das Kommando war diesmal so glüklich, daß es zwei von den Wildschüzen zu Gefangenen machte, mit dieser Beute waren Hiesels Verfolger zufrieden und zogen sich zurük. Hiesel verfügte sich mit seinen Leuten nach Memmingen in das sogenannte Affenbad. Eine Menge Leute versammelten sich hier, den Menschen zu sehen, von dem man so viel Wunderbares erzählt hatte, er ward von allen bewundert und reichlich beschenkt.

So sehr es Hieseln bis jezt gelungen war, glüklich allen Gefahren zu entgehn, so war er doch klug genug, einzusehn, daß wenn alles sich hier gegen ihn empörte, es ihm unmöglich sein würde, sich der Gewalt länger zu widersezen, er entschloß sich also dem drohenden Ungewitter auszuweichen und sich mit seiner Schaar in einen Theil Schwabens zu begeben, bis er in dieser Gegend wieder etwas vergessen sein würde.

Er begab sich nun mit seinem Gefolge in die obern Gegenden dieses Landes, wo er jezt glaubte sichrer zu sein, weil er hier noch nicht so bekannt als an andern Orten war. Allein dieser Schluß war falsch, das Gerücht von ihm hatte sich schon durch die ganze hiesige Gegend verbreitet; er hatte daher hier mit eben den Gefahren zu kämpfen, als in Bayern, er hatte hier eben so vielen Nachstellungen zu entgehen, als in der Gegend, die er verlassen hatte. Alle Jäger haßten ihn, und da er in der hiesigen Gegend noch keine Proben seiner Grausamkeit gegeben hatte, so wagten es hier alle mit weit mehrerem Muthe, etwas gegen ihn zu unternehmen. Es ward daher von ihnen aller mögilche Fleiß angewendet, Hiesels Wilddiebereien zu verhindern. Hiesel aber, der von seinem Rechte, welches er wie jeder nach seiner Meinung

auf

auf das Wild hatte, überzeugt war, ließ sich durch alle Anstalten, die gegen ihn gemacht wurden, gar nicht abschreken, seinem vermeintlichen Beruf zu folgen. Er hatte auch darin mit vielen andern Wildschüzen gar nichts gemein, er suchte nicht wie sie heimlich das Wild zu erlegen, es zu verbergen und es dann heimlich zu verkaufen, sondern er that alles öffentlich, denn er glaubte, das, was er thäte, wäre gut, er wäre durch sein Gewerbe dem gemeinen Wesen nüzlich. Von dieser wildschüzischen Philosophie suchte er auch alle seine Anhänger durch die besten Beweise und Schlüsse zu überzeugen; er hat auch diese seine Behauptungen nachher nicht widerrufen, sondern ist ihnen bis an seinen Tod treu geblieben.

Die Jäger aber, die eine ganz andre Ueberzeugung hatten, hielten es für ihre Pflicht und glaubten sich dazu berufen, Hiesels Gewerbe auf alle mögliche Art zu verhindern. Ein Jäger, **Eustach Bitsch**, bemühte sich vorzüglich, alle Plane Hiesels zu vereiteln. Hiesel befand sich mit vieren seiner Gesellschaft im Walde, als dieser Jäger so unglüklich war, ihnen aufzustoßen. Da ihm hier nun nicht der Ort zu sein schien, mit Hieseln sich in eine Disputation einzulassen, so erkannte er sich hier für überwunden, und suchte sich durch die Flucht zu retten. Hiesel aber, der schon von den Bemühungen dieses Jägers Nachricht erhalten hatte, wollte ihn nicht so unbestraft entwischen lassen. Er eilte ihm also mit geladenem Gewehre nach, da aber der Jäger schneller als Hiesel war, so rief dieser seine Leute, die ihm bald alle Wege verrennten, ihn gefangen nahmen und zur Strafe ihrem Oberhaupte überlieferten.

Der erste Befehl Hiesels war, sein Schießgewehr abzulegen; da der Jäger zögerte dies zu thun, geschah dies von den Leuten Hiesels auf einen Befehl ihres Oberhaupts. Der Jäger stand noch da in Erwartung seiner Strafe, als Hiesel unter fürchterlichen Flüchen seinen großen Hund gegen ihn hezte, dieser riß ihn auch sogleich zu Boden und brachte ihm einige gefährliche Wunden bei. Endlich gelang es dem Jäger, den rasenden Hund von sich abzuwehren; er wollte diese Pause benuzen und entfliehen, allein die vier Wildschüzen stellten sich ihm allenthalben, wo er sich nur hinwandte, mit bloßen Hirschfängern entgegen, und hieben aufs Ungefähr so lange auf ihn zu, bis er mit vielen Wunden bedekt, ohnmächtig zu ihren Füssen niedersank. So ließen sie ihn liegen und waren im Begriff, sich tiefer in den Wald zu ziehen, als Hiesel von ohngefähr rükwärts blikte und bemerkte, daß der Jäger bemüht war, sich wieder aufzuheben. Mit erneuertem Grimme kehrten sie jezt zu ihm zurük, ließen ihn vom Hunde wieder zu Boden reißen und beraubten ihn seiner Jagdtasche und seines Hirschfängers. Hiesel wollte sich nun eben zurükziehn, sah noch einmal das unglükliche Opfer seiner Grausamkeit an, beugte sich über den Jäger, der wie todt zu seinen Füssen lag; er betrachtete das Blut, das aus den Wunden strömte, sein bleiches Antliz und ein plözliches Gefühl des Mitleids bemächtigte sich seiner. Vielleicht rührte ihn bloß die traurige Lage, in der sich der Jäger befand, oder es kamen ihm jezt vielleicht manche dunkle Gefühle aus seiner Kindheit zurük; genug, er fühlte eine ausserordentliche Reue dieser That wegen. Er nahm sein Pulverhorn, und streute Pulver in die Wunden des Jägers, um sein Blut zu stillen, er riß sogar ein Stük Leinwand von seinem Hemde, die Wunden des Jägers zu verbinden. Hierauf befahl er seinen Leuten, ihn in das nächste Dorf zu einem Bauer zu bringen und dort seine Heilung zu besorgen. Der Jäger aber, der mit dem Tode rang, bat es sich als eine Wohlthat von Hieseln aus, daß man ihn allein lassen möchte, weil er vielleicht der Gutherzigkeit Hiesels zu wenig und der Gefälligkeit seiner Leute gar nicht traute. Hiesel nahm nun mit seiner Schaar von dem Jäger Abschied, drohte ihn aber todt zu schiessen, sobald er etwas gegen ihn oder seine Leute unternehmen würde, und so ließ er den Jäger nach einer ziemlich langen Rede im Walde liegen.

Zehntes Kapitel.

Fortsezung.

Man sieht also aus dem vorigen Kapitel, daß Hiesel größtentheils nur grausam aus Politik war, vielleicht sah er sich oft bei einer Bestrafung genöthigt, sein emporstrebendes Mitleid zu unterdrüken, er konnte aber nicht anders handeln, wenn er sich nur einigermaßen Sicherheit verschaffen wollte.

Mich dünkt, Alexanders Reue, nach dem Tode des Klinias war um nichts edler. Zeigte sich dieser so oft besungene Held, dem man so lange Zeit den Beinamen des Großen gegeben hat, beim Tode des Darius größer? — Ich glaube; nein. — Er weinte beim Tode dieses Mannes, aber er machte sich doch keinen Vorwurf darüber, die Ursach seines zerstörten Glüks, seines Todes zu sein, er hatte ihm seine Krone mit Gewalt vom Haupte gerissen, konnten diese wenigen Thränen dies Verbrechen mindern? — —

Wir kehren zu unsrer Geschichte zurük.

Hiesel wäre vielleicht ein großer edler Mensch geworden, wenn ihn das Schiksal in eine andre Lage gesezt hätte, er konnte sich in seiner jezigen Situation vielleicht nie recht in seinem wahren Lichte zeigen, sein Herz war vielleicht zum Mitleid und zur Güte gestimmt; allein er mußte diese Empfindungen, die ihm so schädlich werden konnnten, mit der Wurzel aus seiner Seele reißen. Er empfand daher vielleicht oft bei der Mißhandlung eines Unglüklichen Reue, aber er durfte dies Gefühl nicht äussern, um nicht die Achtung und das Zutrauen seiner Leute zu verlieren, da bei solchem Gesindel keine Empfindung in einem üblern Rufe steht als Mitleid.

Hiesel zog mit seinem Gefolge bald hiehin und dorthin, er durchschwärmte die Wälder Schwabens und machte allenthalben seinen Namen furchtbar. Er marschierte mit seinem Zuge vor dem Dorfe Unterkirchberg vorbei; einer von Hiesels Leuten blieb einige Schritte zurük, und da er wahrscheinlich von den Grundsäzen seines Oberhaupts ad analogiam weiter schloß, so glaubte er, das Obst an den Bäumen wäre so gut, wie das Wild für jedermann geschaffen und jedermann könne darauf gegründete Ansprüche machen. Er kletterte also, ohne erst zu überlegen, ob sein Schluß richtig oder falsch sei, über den Zaun in den Garten des Zolleinnehmers Hildebrand. Er fieng hier eben an, seine Taschen mit dem überflüssigen Obste anzufüllen, als Hildebrand in den Garten trat, und diesen ungebetnen Gast bemerkte; dieser verwies ihm nicht allein mit sehr harten Worten seinen Diebstahl, sondern glaubte auch hinlängliches Recht zu haben, zur Warnung und Bestrafung den Hut des Wildschüzen in Verwahrung zu nehmen. Nachdem er dies gethan hatte, jagte er vermittelst einer Stange den Wildschüzen aus dem Garten und blieb so als Sieger auf dem Kampfplaz zurük. Der besiegte Wildschüze aber, der diese eilfertige Retirade hatte machen müssen, gieng sogleich zu Hieseln und klagte ihm sein Unglük, welches er ihm mit vielen Zusäzen und Uebertreibungen aus dem Stegreif erzählte. Hiesel versprach ihm, seine Beschimpfung auf das nachdrüklichste zu rächen; er kehrte also mit seinen Leuten zurük, trat mit den schreklichsten Flüchen in die Wohnung Hildebrands und forderte den eroberten Hut seines Wildschüzen zurük. Hildebrand machte sich gar kein Bedenken, dieses Unterpfand in die Hände Hiesels zurükzugeben; er reichte ihn zitternd und mit aller Unterwürfigkeit hin. Hiesel ergriff den Hut, mit ihm aber auch zugleich den bebenden Hildebrand und warf so beide aus dem Hause seinen Leuten zu. Diese gaben ihn sogleich der Wuth des Hundes Preis, der ihn bei der Schulter faßte und mit leichter Mühe zu Boden riß. Alle stürzten nun mit entblößten Hirschfängern auf ihn zu und ängstigten ihn lange Zeit unter immerwährenden schreklichen Drohungen mit der Furcht des Todes; hierauf schlugen sie ihn mit den Schaften ihrer Flinten. Hiesel aber, um die Beschimpfung seiner Leute vollkommen zu rächen, ergriff den halbtodten Hildebrand bei den Haaren, schleppte ihn viele Schritte bis auf die Illerbrüke, wo er unter den schreklichsten Flüchen schwur, ihn ins Wasser zu stürzen.

Vielleicht hätte er auch sein Versprechen erfüllt, wenn nicht das Unglük dieses Elenden selbst einen aus Hiesels Schaar gerührt hätte, der seinen Befehlshaber für das Leben des Armen bat. Diese Bitte wirkte so viel auf Hieseln, daß er dem Genißhandelten noch einige Stösse beibrachte, ihn dann auf der Brüke liegen ließ und seinen Weg weiter fortsezte.

Hiesel mußte jezt alle Mühe anwenden, den Nachstellungen zu entgehn, denn allenthalben wandte die Obrigkeit so heimlich, als möglich alle Mittel an, Hieseln in ihre Hände zu bekommen. Alle diese Anstalten wurden ihm aber immer bald von seinen Freunden, den Bauern und Dorfwirthen, bekannt gemacht; durch diese erfuhr er alle Mittel, deren man sich bedienen wollte, seiner habhaft zu werden. Seine Freunde vertrauten ihm zugleich alle Vortheile, welcher er sich bedienen und durch sie alle entworfnen Plane vereiteln könnte. Auf diese Art wußte Hiesel, daß ein gewisser Bernhard Mark ihn schon seit langer Zeit beobachte, und auf Mittel sinne, wie man ihn wohl am besten gefangen nehmen könne, welche Mittel er denn gesonnen war, der Landesobrigkeit mitzutheilen.

Hiesel suchte also auf alle Art, diesen Mark in seine Hände zu bekommen, und Mark gab sich alle Mühe, den Nachstellungen Hiesels zu entgehen. Er hatte sich schon oft in der Nähe Hiesels befunden, war aber immer so glüklich gewesen, ihm zu entrinnen und die Anschläge Hiesels auf ihn zu zernichten; endlich aber ward er doch von diesem überlistet. Hiesel erhielt von seinen Freunden die Nachricht, daß dieser Mark sich zu Leutkirch befinde, ja man fügte sogar die speciellere Nachricht hinzu, daß Hiesel ihn dort im Hause des Bäkers finden würde. Hiesel schikte sogleich zwei von seinen Leuten ab; diese giengen in das Haus und fanden hier, wie sie vermuthet hatten, ihren Verfolger. Sie betrugen sich sehr höflich, man fieng ein Gespräch untereinander an, und da Mark seine Feinde nicht kannte, entstand bald unter diesen Dreien eine gewisse Vertraulichkeit und Freundschaft. So hielt man ihn hin, bis endlich ihr Hauptmann mit noch vier andern Wildschüzen ankam, um Gericht über den Verbrecher zu halten.

Hiesel ließ sogleich bei seinem Eintritt die Thür des Hauses von einigen seiner Leute mit bloßem Degen besezen. Er selbst trat mit geladener Flinte und einer richterlichen Mine in die Stube hinein. Er gieng sogleich auf seinen zitternden Verfolger los und sezte diesem das Gewehr auf die Brust, mit der Drohung, ihn augenbliklich zu erschiessen. Nachdem er ihn so lange Zeit geängstet, daß dem Angeklagten der Schweiß von der Stirn lief, zog er seine Flinte zurük, und dies war das Losungszeichen für seine Untergebene. Alle drangen sogleich mit entblößten Hirschfängern von allen Seiten auf ihn ein und mißhandelten ihn auf alle Art. Hiesel befahl endlich einem seiner Schaar, den großen Fanghund herbeizuholen, um den Beleidiger auf jede Art zu quälen. Einer mußte diesen nun lange Zeit beim Halsbande aufrecht halten, indeß ihn andre nekten, um ihn noch wüthender zu machen, bis man ihn dann plözlich losließ, und dieser mit ausserordentlicher Wuth auf den armen Mark zu stürzte. Er ward lange Zeit von dem Hunde herumgezerrt, bis die herzugekommene Wirthsleute es durch ihre Bitten so weit brachten, daß Hiesel den Gequälten endlich aus den Händen seiner Leute befreite und ihn sogar gehen ließ. Er blieb nun noch den ganzen Tag über im Wirthshause und belustigte sich hier mit seinem ganzen Gefolge.

Einige Tage nach diesem Vorfall erfuhr Hiesel von seinen Freunden, daß der Jäger Anton **Werg**, ein Wildkalb, das er geschossen, gefunden, und nach seinem Hause habe tragen lassen. Kaum hatte Hiesel dies gehört, so beschloß er, sein Eigenthum selbst wieder abzuholen und den Jäger heimlich zu überfallen. Dieser war zu seinem Glük gerade abwesend, als Hiesel sein Haus bestürmte. Da er Niemand weiter fand, so forderte er unter den fürchterlichsten Fluchen sein Wildkalb von der Jägerinn: aber, so zornig er auch war, so that er der Jägerinn dennoch nichts, denn es war eins seiner ersten Geseze, kein Frauenzimmer zu beleidigen; sie aber durch Drohungen und Flüche zu erschreken, hielt er für erlaubt. Die Jägerinn, die von seiner Höflichkeit und Bescheidenheit gegen Frauenzimmer schon gehört hatte, läugnete voller Zutrauen, daß sie etwas von diesem Wildkalbe wisse, oder, wenn Hiesels Klage ja gegründet wäre, so müßte es ihr Mann schon an die Behörde abgeliefert haben. Hiesel, um den Jäger doch einigermassen zu bestrafen, befahl seinen Leuten, alles Gewehr, das in dem Zimmer aufgehängt war, mitzunehmen; hierauf machte er selbst den vor der Thür angebundenen Hund los, nahm ihn mit sich und zog mit der hinterlassenen Drohung weiter, den Mann der Försterinn, sobald er ihn erbliken würde, zu erschiessen.

Eilftes Kapitel.

Gerächte Nachstellungen. — Hiesels Unstern geht auf. Unglükliche Schlacht. — Der Bube wird verwundet.

Bald nach diesem Vorfall erfuhr Hiesel, daß ein Bauer einen Vorschlag ersonnen habe, Hieseln und seine ganze Rotte mit einemmale aus dem Wege zu räumen. Dies kluge Projekt dieses großen Geistes bestand darinn: man solle den Ort ausspüren, an welchem sich Hiesel mit seiner Bande aufhalte, diesen dann unterminiren und in die Luft sprengen. Bei diesem klugausgesonnenem Plane hatte des Bauers durchdringender Verstand freilich einige kleine Nebensachen übersehen, an denen der ganze Plan scheiterte; er hatte nemlich vergessen, daß Hiesel sich mit seinem Gefolge nicht beständig an einem Orte aufhalte, sondern noch unbeständiger sei, als das Wild in den Wäldern, und hätte man ja seinen Aufenthalt entdekt, wie es denn sogleich möglich zu machen wäre, dies überaus verständige Projekt auszuführen.

Hiesel mußte zwar über diesen Anschlag lachen, allein da ihm alle solche Projecktmacher verhaßt waren, so schwur er, diesen Bauer zu bestrafen. Er zog also in dieser Absicht sein ganzes Heer zusammen, und gieng, ohne irgend einem etwas von seinem Plan zu entdeken, auf das Dorf, in welchem dieser Bauer wohnte, zu. In der Nähe von dessen Hause verkündigte er zuerst seiner Schaar den Plan ihres Feindes, sie aufzuheben, und dann seinen Entschluß, sich zu rächen. Man besezte nun alle Ausgänge des Hauses, dann trat Hiesel mit zween seiner bewafneten Wildschüzen in den Hof und fuhr die Bauerfrau, die ihm von ohngefähr entgegen kam, ungestüm an: „Wo ist euer Mann?“ Diese fieng sogleich an zu weinen, versicherte, daß er nicht hier sei und suchte Hieseln durch die rührendsten Bitten zu erweichen. Dieser aber, der sich nicht so leicht durch Bitten bestechen ließ, auch durch die Thränen des Weibes noch nicht von der Wahrheit ihrer Aussage überzeugt ward, bedrohte sie unter erschreklichen Flüchen und durchsuchte dann mit der größten Emsigkeit das ganze Haus. Da er aber den Bauer nicht fand, so fieng er an den Versicherungen des Weibes, daß ihr Mann bei der ersten Nachricht seiner erfreulichen Ankunft sich sogleich aus dem Staube gemacht habe, Glauben beizumessen. Er zerschlug nun in der Wuth seiner fehlgeschlagenen Rache alle Fenster der Wohnstube mit dem Hirschfänger, und alles irrdene Geschirr, was er erblikte; er lachte über das Geschrei zweier kleinen Kinder, über das Geheul des Weibes und die Klagen des alten Schwiegervaters. Ermüdet trat er endlich seinen Rükweg an, nachdem er den tröstlichen Abschied von der Frau genommen hatte: ihren Mann ohnfehlbar bei der ersten Gelegenheit zu erschiessen.

Als der Bauer zurükkam, die eingeschlagenen Fenster sahe und gar die Drohung Hiesels, deren Erfüllung er nur zu sehr glaubte, vernahm, wußte er sich in seiner Angst nicht zu fassen. Er sahe keinen andern Weg, sein Leben zu retten, als jezt ein so eifriger Freund Hiesels zu werden, als er ihn bis jezt nur immer hatte verfolgen wollen. In seiner Noth wandte er sich also an alle die Leute, von denen er wußte, daß sie mit Hiesel Bekanntschaft hatten, diese mußten bei Hieseln für ihn bitten, ihm seine Reue zu erkennen geben, ja er ließ durch sie an seinen erzürnten Feind mehrere beträchtliche Geschenke ergehen. Dies alles besänftigte endlich den Zorn Hiesels, der endlich die Friedenstraktaten mit der Bedingung unterzeichnete, daß der Bauer ihm auf seinen Wagen eine Menge geschossenen Wildprets nach der Reichsstadt Leutkirch fahren sollte. Der Bauer gieng diese Bedingung mit der größten Freude ein und machte sich schon am folgenden Tage mit seinen Pferden auf den Weg nach Leutkirch, wo er unter Bedekung des Hieselschen Gefolges sicher anlangte und nun in Zukunft seines Lebens sicher und ungestört geniessen konnte, mit dem festen Entschluß, sich nie wieder zum Projektmacher aufzuwerfen.

Kaum war Hiesel zu Leutkirch angelangt, als sich sogleich das Gerücht von seiner Gegenwart durch den ganzen Ort verbreitete. Ein kaiserliches Kommando rükte sogleich vor dem Wirthshause an, um ihn, wo möglich, aufzuheben. Der Anführer dieses Kommandos hielt es aber nicht für dienlich, ihn im Wirthshause selbst zu überfallen, sondern er wollte mit seinen Leuten seinen Rükzug abwarten und ihn dann im Freien angreifen.

Hiesel erhielt durch seine ausgestellten Spione sogleich von dem Unglük Nachricht, welches ihn bedrohte, er schien sich ein solches Treffen zu wünschen, denn er machte sogleich mit allen seinen Leuten Anstalt zum Aufbruch. Er wollte sich von Leutkirch nach dem Gräflich Wurzachischen Dorfe Rieden begeben, und drang jezt kek aus dem Wirthshause hervor. Er ward sogleich, wider sein Vermuthen, von einer starken Salve seiner Feinde begrüßt und sein Bube stürzte nieder. Er sahe, daß diesesmal die Menge seiner Verfolger zu groß und zu entschlossen sei, als daß er sich mit der Hofnung des Sieges schmeicheln dürfe, er gab also sogleich Befehl, so schnell als möglich zu entfliehen. Dies geschahe auch, nachdem man aber noch vorher den Buben, der nicht todt, sondern nur schwer am Fuß verwundet war, mit sich genommen hatte. Keiner von Hiesels Untergebenen ward bei der Verfolgung ihrer Feinde gefangen, alle kamen glüklich in die Gegend unweit Memmingen an, wo man in einem einsamen Häuschen die Wunde des Buben heilte.

Dieser unglüklichen Begebenheit folgten bald mehrere andre, Hiesel gerieth oft in die größte Verlegenheit, so daß er am Ende einsah, er müsse diese Gegend, wo alle Verfolgungen gegen ihn jezt zu häufig wurden, verlassen. Die Obrigkeiten aller Orten machten zwar alle mögliche Anstalten, ihm den Rükweg abzuschneiden; allein er erfuhr von seinen Anhängern sogleich alle Anschläge seiner

Feinde, so daß es ihm durch seine Klugheit und Vorsicht wirklich gelang, troz den starken Kommandos, die ihm allenthalben auflauerten, sich aus diesen Gegenden in die Gegend von Wildenroth hinunterzuziehn.

Hiesel fieng hier an, die Verfolgung der Jäger selbst bis auf die Jägerburschen auszudehnen. In dem sogenannten **Mühlhartforst** bei **Wildenroth** befand sich ein Jägersbursche, der sich im Walde aufhielt, theils um Acht zu geben, theils um das kleine Wild, daß ihm etwa aufstieß, zu schiessen. Diesen führte sein böses Gestirn auf seinem Rükweg in die Hände Hiesels, der sich damals mit einem Gefolge von sieben Mann und drei Hunden in diesem Walde aufhielt. Der erschrokene Jäger nahm in seiner Angst den Hut ab, bükte sich so tief, als sein Rüken es nur erlaubte, und bot der ganzen Gesellschaft mit der ausgesuchtesten Freundlichkeit einen guten Abend. Hiesel aber, der kein Freund von Schmeicheleien war, betrug sich gegen ihn desto unhöflicher, denn auf einem Wink von ihm stürzten alle seine Leute über diesen armen Jungen her, nahmen ihm seinen Hirschfänger und seine Flinte und prügelten ihn mit den Kolben ihrer Büchsen. Dann ward er dem Spiel der Hunde Preis gegeben, die ihn lange Zeit herumzerrten, bis Hiesel endlich, da er sahe, daß er in Ohnmacht gefallen war, diese zurükrief, ihn liegen ließ und sich mit seiner Schaar in den Wald zurükzog.

Hiesel beschloß auf seinem Wege, sogleich in das Haus des Wegreuters zu Wildenroth einzudringen, dem er eben diese Behandlung zugedacht hatte. Sie zogen also sogleich nach seiner Wohnung, fanden ihn aber nicht zu Hause; denn zu seinem Glüke war er gerade in den Wald bei Wildenroth gegangen, um sich dort mit Schiessen die Zeit zu vertreiben. Da sie ihn nicht fanden, zerschlugen sie alles in der Hütte und plünderten sie dann gänzlich aus. Um Spuren ihrer Grausamkeit zurükzulassen und den Wegreuter furchtsam zu machen, ängsteten sie unter beständigen Drohungen des Erschiessens seine Mutter. Dann begaben sie sich alle auf den Weg nach Jesenwang, wo ihnen ein anderer Wildenrothischer Jägerbursche begegnete, den sie eben so, wie den ersten, mißhandelten und dann beraubten.

Zwölftes Kapitel.

Versuch einer Apologie des Hiesel. — Fernere Gewaltthätigkeiten. — Der Hund — wird von einem Kleffer überwunden. — Spielt eine sonderbare Rolle. — Hiesel weint.

Der Leser wird schon aus mehrern Vorfällen dieser Geschichte gesehen haben, daß man Hieseln gar nicht zu dem gewöhnlichen Haufen der Wilddiebe und Straßenräuber rechnen kann, deren Geschichte zu schreiben und zu lesen eine sehr undankbare Arbeit sein dürfte. Wir wollen hier seine körperlichen und geistigen Vorzüge nicht noch einmal erwähnen, um zu zeigen, wie sehr er sich vor so vielen seiner Kollegen auszeichnete, denn weit mehr wird er durch seinen Charakter merkwürdig. Er ward Wildschüz durch Zufall, er fand Vergnügen an der Jagd, er fand keinen andern Stand, in den er gern getreten wäre, der Bauerstand war ihm zuwider, der Soldatenstand verhaßt, Jäger konnte er nicht werden; was sollte er thun? In dieser Lage hörte er, wie der Landmann so oft am Morgen über den vom Wilde verheerten Aker klagte, und nun war sein Entschluß gefaßt. Er warf sich zum Beschüzer des Landmannes auf, er hatte die kühne Idee, das Unglük, woran die Fürsten Schuld wären, wieder gut zu machen, die das Wild oft nur darum nicht ausrotten, um sich mit der Erlegung desselben zuweilen die Zeit zu vertreiben; so ward er Wildschüz. Er sammelte mehrere um sich her, die ihm in diesem großen Geschäfte beistehen sollten: so entstand seine Bande, deren unumschränktes Oberhaupt er war. Hätte Hiesel Gelegenheit gehabt, Jäger zu werden, so wäre er höchstwahrscheinlich nicht auf dem Rade gestorben; allein er konnte kein Mitglied dieses Standes werden, und hatte zu seinem Unglük so viel Verstand, sich ein-

einzubilden, daß er als Wildschüz der menschlichen Gesellschaft nüzen könne, ohne doch dabei einzusehen, wie schädlich er ihr dadurch zu gleicher Zeit würde. Von seiner Nüzlichkeit, von der Rechtmäßigkeit seines Gewerbes überzeugt, scheute er daher den Anblik keines Menschen. Er verbarg sich nicht in den Wäldern, er erlegte nicht das Wild in finstern Nächten, er durchstreifte bei Tage Städte und Dörfer, und stellte sich kühn dem Anblik eines jeden entgegen. Aber welche Mittel sollte er ergreifen, um fremde Gewaltthätigkeiten von sich zu entfernen, da alles um ihn her ihn verfolgte, da jeder auf Mittel sann, ihn, und die Gesellschaft seiner Verschwornen aufzuheben? Er wußte keinen andern Weg, als Gewalt durch zuvorkommende Gewalt abzuhalten; er griff daher jeden Jäger oder Gerichtsdiener an, der ihm aufstieß, er suchte es durch Grausamkeiten so weit zu bringen, daß jeder seiner Feinde ihn fürchte, und keiner von ihnen etwas gegen ihn zu unternehmen wage. Jägern und Gerichtsdienern hatte er Haß und Verfolgung geschworen; da er zulezt viel von den Kommandos der Soldaten gelitten hatte, so nahm er sich vor, sich auch an diese zu rächen, weil sie sich der Ausübung seiner Plane widersezten, und zwar sobald als möglich. Diese erwünschte Gelegenheit zeigte sich bald.

In eben demselben Jahre, in welchem er die

vorhergehenden Abentheuer bestanden hatte, befand er sich mit seinem Buben, fünf Wildschüzen und zwei Hunden auf dem Lechfelde. Hier beschäftigten sich neben andern Arbeitsleuten drei Augsburgische Soldaten grade mit der Einerndtung des Getreides; sie hatten sich nehmlich auf einige Tage hier vermiethet, um durch diese Arbeit ihren sehr unbedeutenden Sold um etwas zu vermehren. Diesen näherte sich Hiesel mit seinem Gefolge, da sie aber grade sehr friedfertige Gesinnungen hatten, überdies auch unbewaffnet waren, so thaten sie, als bemerkten sie Hieseln nicht, und sezten ungestört ihre Arbeit fort. Hiesel aber, den diese Geringschäzung verdroß und der durchaus bemerkt sein wollte, zog seinen Hirschfänger, eilte auf einen der Soldaten zu und schlug ihm mit der flachen Klinge über den Rüken, mit der sonderbaren Frage: „Treff' ich dich hier an, du Hund?“ Der Soldat, der wohl einsahe, daß hierauf weder „Ja“ noch „Nein“ eine passende Antwort wäre, stand noch erstaunt und sahe den ungestümmen Frager verwunderungsvoll an, als Hiesel ihn niederwarf und mit seiner Flinte so lange auf ihn schlug, bis der Soldat ohne Besinnung da lag. Dann gieng Hiesel zu dessen Gefährten, und behandelte ihn mit eben so weniger Gelindigkeit. Ueber den dritten Soldaten stürzten die Begleiter Hiesels, schlugen ihn mit ihren Hirschfängern, bis er acht gefährliche Wunden bekommen hatte, dann hezten sie auf alle drei ihre Hunde; nachdem diese sie lange herumgezerrt hatten, sezten sie auf Befehl ihres Oberhaupts ihren Marsch weiter fort.

Man langte in einem Dorfe an und die sämmtliche Gesellschaft verfügte sich sogleich in das Wirthshaus. Hier fand Hiesel einen Tabulettkrämer unter einer Gesellschaft von Bauern, die von ihm eben Strümpfe, Müzen, Schnallen und andre Waaren kauften. Hiesel ließ sich und seinen Leuten einige Kannen Bier geben, und sezte sich an einen besondern Tisch, nach seiner alten Gewohnheit legte sich ihr großer Pakan sogleich mitten auf den Tisch, und sah sich in der Schenke in dieser Stellung aufmerksam um. Dies schien der Hund des Tabulettkrämers, der bis jezt ruhig zu den Füssen seines Herrn gelegen hatte, sonderbar zu finden, denn er fieng an zu murren und seinem unbekannten Kollegen die Zähne zu zeigen. Dadurch ward die Gesellschaft der Bauern aufmerksam auf Hiesels Begleiter, man bewunderte seine Gestalt, seine Größe, seine Farbe und die Klugheit, die aus seinen Augen sprach; Hiesel, der sich freute, wenn er seinen Hund loben hörte, wollte den Bauern, die bis jezt nur die Gestalt seines Hundes gelobt hatten, auch Gelegenheit geben, seine Kräfte zu bewundern. Er erzählte ihnen also, wie er mit der größten Leichtigkeit den stärksten Mann zu Boden reiße, einen Hund niederzuwerfen sei ihm nur ein Spielwerk, und um ihnen die Wahrheit seiner Aussage ad oculus zu demonstriren, hezte er seinen Fanghund gegen den Hund des Tabulettkrämers. Der Freund Hiesels sprang sogleich vom Tisch auf seinen Feind zu, und griff ihn mit vieler Kraft und Geschiklichkeit an; dieser aber, dessen Physiognomie für jeden Beobachter so nichts versprechend war, sezte sich nicht allein mit eben so vieler Geschiklichkeit den feindlichen Angriffen entgegen, sondern er war sogar nach vielem Ringen und nach manchen Seitensprüngen so glüklich, dem Hunde Hiesels plözlich unterzulaufen und ihn zu Boden zu werfen. Da lag nun der Stolze, der bis jezt keinen Mächtigern gefunden hatte, gedemüthigt niedergeworfen und lekte winselnd den Staub zu den Füssen seines Feindes; der ihm die schwarze Pfote auf den Hals drükte und im Begriff stand, ihn bei der mindesten feindlichen Begegnung gefährlich zu verwunden. Alle Bauern und der Tabulettkrämer fiengen an aus vollem Halse zu lachen. Hiesel, der sich in der Person seines Hundes beschimpft sahe, der zugleich als ein lügenhafter Prahler da stand, da sein Hund nicht so glüklich gewesen war, die hohen Versprechungen seines Herrn zu erfüllen, schäumte vor Wuth; er sprang auf, ergriff den Hund des Tabulettkrämers und warf ihn aus dem offenen Fenster, welches er dann wieder verschloß. Hierauf bestrafte er den Wirth, wegen seines schadenfrohen unzeitigen Gelächters, dadurch, daß er Fenster, Gläser und Krüge zerschmiß, die Thür einhieb und Stühle und Bänke zertrat.

Auf den Tabulettkrämer gieng er rasend zu, prügelte ihn, ließ ihn von seinem Hunde zerfezen und dann auf dem Boden liegen. Gelassener gieng er nun nach dem Tragkorb des Ueberwundnen, nahm für sich und seine Leute einige Paar Schuhschnallen heraus und verließ dann das Wirthshaus, das ein Bild der Verwüstung und Zerstörung war.

Er streifte nun mehrere Wochen umher und kam im Wintermonat im Dorfe Lechfeldkirchlein an. Er gieng vor der Kirche vorbei, und hörte, daß man eben im Gottesdienst begriffen sei, er begab sich also, da ihm Niemand im Dorfe begegnete, in das untere Wirthshaus. Er trat in die Schenke und fand, nebst einem andern Fremden einen kaiserlichen Soldaten.

Hiesel, der von jeher den Soldatenstand gehaßt und jezt geschworen hatte, sich an alle Soldaten zu rächen, hatte diesen nicht sobald erblikt, als er zornig seine Büchse nahm, den Hahn spannte und sich vor dem Soldaten mit wüthender Mine hinstellte und ihn so anredete:

„Gut! daß ich endlich einen Eures Gelich-

„ters antreffe: Ihr seid auch meine Verfolger. „Weiß Gott! mich verfolgt alles! Kaiser, König „und Papst, kein Mensch läßt mir Ruhe; aber „sei, wer es auch sei, ich will mich bis auf den „lezten Blutstropfen wehren, und an Dir will ich „zum Schreken andrer ein Beispiel geben.“

Der Soldat stand zitternd da und erwartete, was Hiesel über ihn beschließen würde; dieser hezte, um den Anfang seiner Grausamkeit zu machen, seinen Hund gegen ihn an. Aber wie erstaunte er, als dieser ihm gegen seine Gewohnheit diesesmal seine Dienste aufkündigte; er stand still und unbeweglich, er hezte ihn von neuem, lokte, drohte, schmeichelte und schlug ihn, aber er vermochte es nicht, den Hund gegen den Soldaten aufzubringen. Endlich, da er ihn aufnahm und ihn so auf den Soldaten zu schleudern wollte, wandte sich der Hund durch einen Sprung, murrte und drohte seinen eignen Herrn zu zerfleischen. Hiesel hatte bei dieser Gelegenheit seine Büchse auf den Tisch gelegt und der Soldat bediente sich dieses günstigen Augenbliks, über den Tisch und aus der Thür hinauszuspringen. Da Hiesel dieses sahe, stürzte er ihm mit der größten Schnelligkeit nach; der Soldat sah seinen Verfolger hinter sich und verdoppelte seine Eilfertigkeit, aber vergebens, denn Hiesel erreichte ihn, und pakte ihn sogleich, um ihn festzuhalten, bei der Schulter. Athemlos stand der Soldat und ohne Bewußtsein, seines nahen Todes versichert, als ihn Hiesel zu seinem größten Erstaunen freundschaftlich bei der Hand faßte.

„Verzeih mir, lieber Freund,“ fieng er an, „verzeih mir die Angst, die ich dir eingejagt habe. „— Ach —“

Eine Thräne hieng an seinen schwarzen Augenwimpern und ein tiefes Schluchzen erstikte seine Stimme. Er wischte die Thräne, als wenn er sich ihrer schämte, aus dem Auge, und sprach dann weiter:

„Laß es gut sein, Freund, mich verfolgt alles, jeder trachtet nach meinem Leben, mich haßt „alles, ich muß wieder hassen. Mein Haß muß „mir mein Leben erhalten, das Leben, das nur „durch Zuneigung und Freundschaft angenehm „wird. Komm mit mir, bleib bei mir, sei mein „Freund. Es ist gefährlich mein Freund zu sein, „aber, Du siehst mir aus, als verachtest Du „die Gefahr; und — jammert Dich des Hiesels „nicht, der keinen Freund hat? Dies ist das Einzige, warum ich betteln konnte und muß.“

Der Soldat sah ihn starr an, und Hiesel merkte wohl, daß dies zu viel gefordert war. „So „komm denn mit mir, fuhr er fort, und sei froh „mit mir, wir wollen lustig sein. Ich muß Dir „doch die Angst ersezen, die ich Dir gemacht „habe.“

Er nahm hierauf den Soldaten freundschaftlich beim Arm und zog ihn so mit sich in die Schenke zurük. Hier ließ ihm Hiesel ein Glas Wein einschenken, bezahlte es, sprach lange noch mit vieler Vertraulichkeit mit ihm, nahm dann Abschied und gieng gerührt und tiefsinnig weiter.

Was für ein weiches, dem Mittleid geöffnetes Herz mußte Hiesel haben, da ihn ein so geringfügiger Umstand so tief erschüttern konnte? Welch ein edler Mensch hätte sich einst aus diesem Stoffe emporarbeiten können, wenn nicht seine Lage alles Gute, welches ihm kein Leser ganz wird absprechen können, zu Boden geschlagen hätte. Oder wäre diese geänderte Gesinnung, diese so plözlich in wohlthätige Milde umgeschaffne Grausamkeit vielleicht nur eine List Hiesels gewesen? Wollte er den Soldaten nur darum zum Freunde haben, damit er nicht ausplaudern könne, Hiesel sei überwindbar? — Auch dann macht dies Betragen Hieseln Ehre, jezt seinem Kopfe, vorher seinem Herzen.

„Aber warum erschlug er den Soldaten nicht? „dann wäre ja auch diese Absicht erreicht." Freilich wohl. — Es bleibt dabei! Hiesel hatte ein gutes Herz.

Dreizehntes Kapitel.

Hiesel hält Exekution. — Die kluge Bäuerin. — Wird aus einem Wildschüzen ein Räuber. — Raub in Tesfertingen.

Es ist sehr wahrscheinlich, daß Hiesel sehr oft sein Mitleid unterdrüken mußte; aber da es einmal ein unumstößlich Gesez seiner Politik war, grausam zu sein, so sah er sich genöthigt, nach diesem Geseze auch in Ketterschwang zu handeln.

Dieses Dorf war ihm vorzüglich verhaßt, weil es dem hiesigen Oberamte gelungen war, mehrere seiner Gefährten gefangen zu nehmen und nach Kempten zur Strafe abzuliefern.

Hiesel trat also schon voll rachsüchtiger Gedanken mit zwölf seiner Wildschüzen in das Wirthshaus des Dorfes. Alle sezten sich an einen Tisch und legten ihre Gewehre vor sich hin; an einem andern Tisch sassen zwei Soldaten, die hier im Quartier lagen. Hiesel rief seinen Hund zu sich, der sich sogleich, ohne sich zu geniren, mitten auf den Tisch legte und aufmerksam die Soldaten beobachtete. Nun fieng Hiesel an in den schimpflichsten Ausdrüken von den Obrigkeiten zu reden, die sich ihm widersezten und schimpfte besondees auf das hiesige Oberamt.

Der eine von den Soldaten, durch einen prophetischen Geist getrieben, hätte sich schon anfangs aus der Stube entfernt, denn er prophezeihte sich vielleicht aus Hiesels Rede nicht viel Erfreuliches. Er hatte auch sehr wohl daran gethan; denn kaum hatte Hiesel geendet, als der Hund, ohne angehezt zu sein, auf eignem Antrieb vom Tisch herunter auf den Soldaten zusprang, ihn bei der Schulter pakte, etwas in die Höhe hob und mit großer Gewalt zu Boden riß.

Die Wildschüzen erstaunten darüber und vermißten jezt erst den zweiten Soldaten. Hiesel befürchtete, dieser möchte Lärm machen und schikte also seine Leute ab, ihn wieder aufzusuchen. Diese fanden ihn bald, umringten ihn von allen Seiten und brachten ihn so ihrem Befehlshaber zurük. Es ward sogleich Gericht gehalten, man prügelte ihn und Hiesel sprach dann das Urtheil, ihm zur Warnung für andre, den Kopf abzuschneiden. Man machte schon alle Anstalten, dieses Urtheil zu vollziehen, man legte den Soldaten auf den Tisch, der eine der Wildschüzen zog ein großes Messer hervor, das er eben dem Naken des Geängstigten nähern wollte, als Hiesel lachend seinen Ausspruch widerrief und ihn dahin milderte, ihm statt des Kopfes, den Haarzopf abzuschneiden. Der Soldat war froh, daß er so wohlfeil seinen Kopf erkaufen konnte, und ließ willig die Exekution geschehn, die unter lautem Gelächter der Wildschüzen vollzogen ward.

Nach einigen Tagen kam Hiesel mit dreizehn seiner Gefährten ermüdet von der Jagd nnd kehrte hungrig in einem Bauerhof ein. Er bestellte sich ein Mittagsbrod, und da die Bauerfrau ihm nur sehr wenig Essen brachte, fieng Hiesel so an zu fluchen und zu toben, daß das erschrokene Weib unter beständigem Beten den Anbruch des jüngsten Tages abwartete. Da sie aber sahe, daß dieser noch verzögerte, auch ihr Gebet auf Hieseln keinen Einfluß habe, so versuchte sie ein anderes Mittel. Sie bot alle Kräfte ihrer Küche auf und sezte den zürnenden Wildschüzen eine solche Schüssel vor, daß Hiesels Wuth sich plözlich legte und auch alle Besorgnisse der Bauersfrau sogleich gehoben wurden.

In unsrer Urschrift folgt hier eine sehr unzeitige Tirade über die wunderbaren Wege der Vorsehung. Wie sie nehmlich dulde, daß der Verbrecher immer weiter gehe, immer mehr der Strafe zureife, bis er endlich an sein schaudervolles Ziel gelange. Wie sonderbar diese Bemerkung, wie ungeschikt sie hier stehe und wie unrichtig sie an sich selbst sei, wird jeder Leser sogleich einsehen. Welche Weisheit der Vorsehung ist darin zu bewundern, wenn sie den Verbrecher nach und nach der Strafe zuführt? Warum gab sie es zu, daß ein Mensch, der einem grossen Theil der Gesellschaft hätte nüzlich werden können, ihr schädlich ward? Wäre die Weisheit nicht mehr zu bewundern, die diesen Menschen nach und nach zur Tugend zurükgeführt hätte? die aus dieser vergifteten Pflanze einen guten gesunden Baum erzogen hätte, in dessen Schatten sich mancher ermüdete Wanderer erquikt hätte? — Doch diese Fragen kann jeder Leser sich selbst aufwerfen und sich selbst beantworten, wir fahren daher in unserer Geschichte fort. —

Die Göttin Fortuna wird mit dem größten Rechte auf einer Kugel stehend abgebildet. Denn bald wendet sie sich dahin, bald dorthin; sie liebt grade, wie eine Dame von Welt es muß, den einen und haßt ihn nach wenigen Monden eben so sehr, als sie ihn vorher liebte. Eben so ergieng es Hieseln. Die Göttin zürnte auf ihn, weil er ihr zu wenig Dankbarkeit bezeigte; denn kaum hatte sie ihn aus einer Gefahr gerettet, als Hiesel schon wieder in eine neue verwikelt war, die er muthwillig aufgesucht hatte; so hatte sie für ihn allein alle Hände voll zu thun und beschloß daher, ihn noch durch einige glükliche Zufälle einzuschläfern, ihm dann plözlich den Rüken zu kehren, sich als seine Feindin zu zeigen und einen dankbarern Liebling aufzusuchen.

Wirklich war Hiesel durch sein ausserordentliches Glük jezt schon viel zuversichtlicher als sonst, er vergaß jezt mehr als vorher der Vorsicht, er fieng an dem Unglük troz zu bieten. Denn je tollkühner er irgend einen Streich unternahm, je mehr konnte er des glüklichen Erfolgs versichert sein, und jede gelungene Unternehmung spornte ihn zu einer neuen an, so daß eine Gefahr der andern gleichsam die Hand bot, ihn zu stürzen, aber allen entgieng er. Doch jeder dieser Vorfälle war (wenn es mir erlaubt ist, dies alte Sprichwort auf diese Art umzuändern) eine Speiche zu seinem Rade; denn sie alle dienten nur dazu, daß Hiesel ein zu grosses Vertrauen in sein Glük sezte, daß er am Ende glaubte, keiner seiner Anschläge könne ihm fehlschlagen, kein Anschlag seiner Feinde auf ihn glüken.

Alle kleinen Kommandos, die gegen Hieseln geschikt waren, verachtete er so, daß er sie kaum des Bekämpfens würdigte, sie wurden jedesmal mit Verlust zurükgeschlagen. Man fieng nun an, diese Kommandos sehr zu verstärken, so daß sie an Menge die Schaar Hiesels weit übertrafen, daher sah sich dieser Anführer genöthigt, auch die Zahl seiner Leute zu verdoppeln. Dies war aber für Hieseln sehr schwierig und gefährlich; denn er mußte für den Unterhalt dieser Leute sorgen, und er konnte unmöglich für sein geschossenes Wildpret so viel bekommen, sie alle zu erhalten: er sah sich daher genöthigt, jezt aus einem Wildschüzen ein wirklicher Räuber zu werden, dadurch erhielt er zwar oft mehr Geld, aber seine Lebensart ward auch um so gefährlicher, die Nachstellungen gegen ihn wurden häufiger und was das wichtigste war, er verlor dadurch seinen guten Ruf; viele der Landleute, die ihm bis jezt gewogen gewesen waren, fiengen jezt an, ihn zu hassen, ja wohl gar seinen Untergang zu wünschen. Dies ist die eigentliche Klippe, an der das bisherige Glük Hiesels scheiterte; er hatte diesen unglüklichen Wind, der ihn zulezt auf eine Sandbank trieb, nicht vorhergesehn, er hatte nicht eingesehn, daß dies ihn unglüklich machen würde; oder wenn er es auch eingesehn hatte, so zwang ihn vielleicht die Nothwendigkeit zu diesen Räubereien, die ihn verhaßt machten, und durch welche er viele seiner Freunde verlohr, da er kein andres Mittel, sich vor den nähern Gefahren zu retten, sahe.

Seine erste, wirkliche Räuberei verübte er in dem Amtshause zu Tefertingen. Man hatte hier am 16ten November drei falsche Spieler, Joseph Ortlieb, einen Sattler, **Erasmus Sauer**, einen Bauerknecht und einen Wirth aus Augsburg, Joseph Säckler, Abends zwischen acht und neun Uhr festgesezt. Am folgenden Morgen aber waren zwei von diesen Gesellen, nehmlich Ortlieb und Sauer so glüklich, aus dem Gefängnisse zu entspringen. Sie irrten so lange umher, bis sie endlich den Bayrischen Hiesel auffanden. Diesem klagten sie ihr Unglük und suchten bei ihm Schuz und Hülfe, sie boten sich zugleich zu seinen Gehülfen an, und wurden angenommen. Vielleicht fühlten sie einen Wohlgefallen an Hiesels und seiner Gefährten Lebensart, oder es vermochte sie auch vielleicht bloße Rachsucht zu diesem Schritt; genug, sie zogen mit ihm, und sprachen so lange von ihrem Unglük, bis Hiesel ihnen endlich Genugthuung versprach.

Am 14ten Dezember Vormittags befand sich in Geschäften der Obervogt Heß im Amtshause, neben ihm stand der Untervogt von Lüzelburg, Sailer und der Schreiber Sauter saß an einem Tisch und schrieb. Es war zehn Uhr, Sailer wollte eben fortgehn, als er an das Fenster trat, und sahe, wie Hiesel sich mit achtzehn von seinem Gefolge um das Haus zog und alle Ausgänge sorgfältig besezte. Er ward blaß und fieng an zu zittern. Der Obervogt Heß bemerkte dies und fragte: „Was ist ihm, lieber Mann?“ Sailer ließ Hut und Stok fallen und — „da kommt — der — Hiesel mit — seiner — ganzen Mannschaft!“ — war alles, was er stotternd hervorbringen konnte. Kaum hörte der Schreiber Sauter diese Worte, als er in der größten Angst das Tintenfaß über das eben geendete Blatt goß, vor Schreck seinen Stuhl umwarf und sich hinter einen Verschlag in der Amtsstube zurükzog.

Hiesel

Hiesel drang nun mit einigen seiner Leute mit Gewalt unter dem Vorwande in die Amtsstube, daß sie das Geld, welches den Spielern bei ihrer Gefangennehmung abgenommen wäre, zurük haben wollten. Zugleich forderte Hiesel mit dem größten Ungestümm von Heß, daß er die zwei Schreibpulte in der Amtsstube eröffnen sollte. Der Obervogt zögerte, mußte aber unter den heftigsten Drohungen endlich ihr Verlangen erfüllen. Er schloß auf, und alle fielen mit der größten Raubbegier über die Pulte her, durchwühlten alles und raubten alles darin befindliche Geld, taub dem Zureden und gelinden Abmahnungen des Obervogts. Da sie diese Pulte gänzlich geplündert hatten, drangen sie auf ein andres ein, in welchem herrschaftliche Gelder befindlich waren, dieses erbrachen sie mit Gewalt. Da der Obervogt dies sahe, drang er sich mit Gewalt durch den Haufen hindurch, diesen Schrank zu schüzen, erhielt aber sogleich einen Hieb über die Hand von der Klinge eines Hirschfängers, daß ihm das Blut in großen Strömen über die Hand lief. Bei dem Lärmen und Geschrei stürzte die schwangere Frau des Obervogts in das Zimmer, man umringte sie und ihren Mann, sezte ihnen die Spizen der Hirschfänger und die Mündungen der geladenen Büchsen auf die Brust, unter dem Bedrohen des Erschiessens, wenn man sich ihren Foderungen widersezen würde.

Während der Obervogt so eingeschlossen war, drang einer von Hiesels Schaar, der grausamste unter allen, ein rothbärtiger Schneider von Schlipsheim, auf den herrschaftlichen Schrank zu und plünderte diesen, indeß Hiesels übrige Gefährten die andern Schränke ausleerten. Man verschonte keinen, ausser die Pulte, in welchem die Gelder der Kirche und der Gemeine verschlossen waren; dies gtschah auf Hiesels ausdrüklichen Befehl, obgleich der Schneider und einige andre mit bloßen Hirschfängern auf die Schränke zuhieben. Man war mit dem geraubten Gelde noch nicht zufrieden, sondern der Obervogt und der Untervogt Sailer mußten auch noch das ausliefern, was sie bei sich hatten.

Der Schreiber Sauter saß unterdeß hinter seinem Verschlag und betete zitternd und inbrünstig für sein Wohl und die Rettung des Obervogts.

In der Amtsstube hieng ein großes Scharfrichterschwerdt als Antiquität, oder auch um der Amtsstube ein ehrwürdiges Ansehn zu geben, an einer Säule; dieses ward heruntergerissen und auf den Boden geworfen.

„Wo ist Euer Amtsknecht?“ fragte Hiesel den Obervogt Heß. Dieser antwortete ihm, er befände sich jezt in der Stadt.

Nun fragte Hiesel nach seinem Schreiber. Sauter, der diese Frage hörte, fieng noch mehr an zu zittern, er fürchtete, daß ihn' alle Augenblik einer von Hiesels Gefährten entdeken würde. Da er nun gar hörte, daß man ihn nur darum herwünsche, um das Vergnügen zu haben, ihn umzubringen, fieng er so an zu beben, daß er sich beinah verrathen hätte; er verdoppelte sein inbrünstiges Gebet, daß der Himmel ihn aus dieser Gefahr erretten und diese Boshaften aus dem Amtshause führen möge.

Endlich ward sein Gebet erhört, Hiesel nahm mit seinen Gefährten den längst gewünschten Abschied. Schon wollte sich Sauter aus seinem Hinterhalt hervormachen, als Hiesel zu seinem größten Schreken mit zweien Wildschüzen zurükkehrte. Sauter zog sich so geschwind als möglich wieder zurük, und Hiesel verlangte, der Obervogt sollte seinen silbernen Hirschfänger und eine alte Flinte für fünfzehn Gulden wieder einlösen.

Als dies geschehen war, hielt er noch an den Obervogt folgende kleine Rede:

„Ich sage es dir jezt und du kannst dich also „darnach richten, ich komme vielleicht nächstens „einmal wieder her zu dir; und habe ich indeß erfahren, wo dein verdammter Federfuchser gewe„sen ist, oder daß du diesen Vorfall irgend jemand „angezeigt hast: so müßt ihr, so wahr ich Hiesel „heiße, hier im Hause alle zusammen sterben; ich „aber werde mir dann noch vorher zur Satisfak-

„tion tausend Gulden von euch schon zu verschaffen „wissen. — Adjeu! — bis auf Wiedersehn!“ —

Als Hiesel aus dem Hause gieng, eilte er sogleich auf die Scheune zu. Hier befand sich gerade eine Anzahl Drescher, diesen verwies Hiesel ihre Feigheit, daß sie nicht einmal den Versuch gemacht hätten, ihrer Herrschaft zu Hülfe zu kommen; einer dieser Bauern, den man noch für den gescheidesten hielt, antwortete auf diese Anrede im Namen aller: wir wissen schon, daß ihr ein Kerl seid, dem man nichts anhaben kann. Mit dieser Antwort war Hiesel zufrieden, er wandte sich zu seinen Gefährten: „Sauer, ist unter diesen verständigen Leuten der Schlingel Geschwill, der „dich bewacht hat?“ Sauer antwortete mit „Nein!“ Hiesel durchsuchte nun mit seinen Leuten die ganze Scheune, von oben bis unten, man fluchte auf Geschwill, und suchte von neuem, indeß dieser in einem Winkel der Scheune sich immer dichter wie ein Igel zusammenkrümmte, oft merkte, wie einer von Hiesels Gefährten über ihn hinweggieng, oft die Hände des suchenden Hiesels ganz nahe bei sich fühlte. In dieser Angst gelobte er tausendmal, jeden, den er einst vielleicht wieder bewachen würde, entwischen zu lassen. Endlich, des Fluchens und Suchens müde, verließ Hiesel die Scheune, nachdem er vorher dem Geschwill einen unvermeidlichen Tod gedroht hatte, wenn er ihn irgendwo antreffen würde. Als Hiesel weit genug entfernt war, grub sich dieser rasselnd aus dem Heu hervor, wischte sich den Schweiß von der Stirn und dankte dem Himmel, dessen Güte ihn vor den Augen seiner Verfolger unsichtbar gemacht hatte. — „Seht ihr, solche Gefahren brin„gen die Ehrenämter mit sich,“ fieng er an zu seinen glükwünschenden Kameraden, „man hielt „mich damals von euch allen für den tüchtigsten, „jenen rothnasigten Schurken zu bewachen, und „nun hätte ich bald dafür ins Gras beissen müs„sen.“

Einer von ihnen machte die scharfsinnige Bemerkung, daß dies schon wirklich der Fall gewesen sei, da er ja im Heu bis über die Ohren gelegen habe; ein lautes Gelächter wieherte diesem Einfall Beifall zu, an welchem die ganze Gesellschaft ihren Wiz noch den ganzen Tag über zehren ließ. So oft nachher in diesem Dorfe von Hieseln gesprochen ward, ermangelte dieser schöne Geist nicht, seine vielumfassende Anmerkung hinzufügen.

Vierzehntes Kapitel.

Hiesel zeigt sich als Herr seiner Rotte — ein Contrast auch zwischen Räubern.

Hiesel sezte nun seinen Marsch, mit einem Raub, der an zweitausend Gulden betrug, fort, als er eine grosse Anzahl seiner Leute vermißte; er fragte die übrigen und keiner von ihnen wußte ihm auf seine Fragen Bescheid zu ertheilen. Die Ursach ihrer Entfernung aber war diese: der Schneider, der an diesem Sturm des Amtshauses und an der Gefangennehmung von zweitausend Gulden Geschmak gewonnen hatte, sah Hieseln in die Scheune treten, mit dem Vorsaz, hier Gericht zu halten. Der Schneider beredete sich also mit einem grossen Theil seiner Gefährten, diesen Schauplaz, wo ihre Rollen wahrscheinlich sehr undankbar sein würden, zu verlassen, und lieber einen neuen Sturm zu versuchen. Man zog sich also aus dieser Gegend weiter hinunter, und besezte das Haus des Tesfertingischen Amtsknechts. Einige drangen mit blossen Gewehren in das Haus und ängstigten das Weib des Amtsknechtes, welches sie in der Stube fanden, mit den ausgesuchtesten Drohungen. „Wo ist dein Mann?“ rief der Schneider mit aller Autorität, die er nur in seinem kleinen Wesen zusammenbringen konnte, indem er seine Stimm zum tiefsten Baß zusammenpressen wollte, die aber immer wider seinen Willen zum hohen Diskant hinaufsprang. „Wo ist dein Mann?“ rief er und sezte ihr die Mündung der Flinte auf die Brust. Diesen Kunstgriff hatte er Hieseln abgelernt, und er glaubte sich jezt ganz schon ein Hiesel zu sein, indeß seine Gefährten, die dies kleine Männchen noch nie in der Bekleidung dieser furchtbaren Majestät gesehen hatten, sich kaum des lauten Lachens enthalten konnten. Die arme Frau des Amtsknechts aber zitterte und bebte, als sie diesen Pseudo-Hiesel mit der grimmigen Mine vor sich stehen sahe. Sie fieng an zu weinen, und unter beständigem Schluchzen erzählte sie, ihr Mann befinde sich in Geschäften in der Stadt, sie häufte so Thränen auf Thränen und mit ihnen Beweise auf Beweise, daß der Schneider endlich, der in diesem Stüke kein so großer Skeptiker als sein Befehlshaber war, ihren Worten endlich glaubte. Da dies überhaupt nur Nebenabsicht seines Marsches war, so schritt er nach dieser tragikomischen Scene zu seinem Hauptzwek: er befahl nemlich das Haus zu plündern, indem er selbst den Anfang damit machte, daß er einen kleinen Wandschrank erbrach und das wenige darin befindliche Geld zu sich stekte. Alle waren auf ähnliche Art beschäftigt, als man an einer Pfeife die Nähe Hiesels erkannte; sogleich beorderte der Schneider einen seiner Kameraden hinaus, um Hieseln von ihrem löblichen Unternehmen Kundschaft zu bringen; man freute sich schon, wie Hiesels Lob sie zu ähnlichen Thaten anfeuern würde, als Hiesel selbst zornig zu ihnen in die Stube trat.

Dem ersten, den Hiesel sahe, riß er das geraubte Tischzeug sogleich aus der Hand: „Was

„macht ihr hier?“ fieng er an und sahe zornig umher? „Ihr plündert den armen Kerl, der selbst „nichts hat? Schämt ihr euch nicht? Denkt ihr „denn, ich sei der Anführer einer gemeinen Die„besbande? Etwas zu nehmen, wo kein Ueberfluß „herrscht, ist schlecht, den zu berauben, der selbst „Mangel leidet, ist niederträchtig! Ihr glaubt, „weil ich im Amtshause plündre, habt ihr das „Recht eben so hier zu handeln? Aber wozu mich „die Nothwendigkeit zwingt, dazu spornt euch nie„derträchtige Raubbegier. Wahrhaftig, ich habe „mich sehr in euch geirrt, ihr seid Schufte, Nie„derträchtige. — Die Männer schleichen umher, „überfallen wehrlose Weiber und Kinder, und spie„len dann da eine auswendig gelernte Rolle, daß „es Gott erbarmen möchte. — Beim Teufel, es „ist Schande der Kamerad solcher Schurken zu „sein. — Aber ihr sollt warten, daß ihr schwarz „werdet, ehe ihr diesen Namen hört. Schurken! „Gauner! Spitzbuben! das sind eure Titel.“

Alle standen beschämt da, vorzüglich der Schneider, der jezt aus einem Herkules in die elendeste Memme zusammengeschrumpft war, auf diesen ward alle Schuld dieses Unternehmens geschoben. Jeder mußte hierauf das, was er genommen hatte, der Frau zurükgeben, die sich nicht genug über Hiesels sonderbar christliches Verfahren wundern konnte, der unter beständigem Fluchen sich so mitleidig gegen sie bezeigte, und alles dies schrieb sie der besondern Liebe Gottes gegen sich zu, zu dem sie während der Plünderung mit der größten Andacht gebetet hatte.

Hiesel verwies dem Schneider sein Verfahren sehr nachdrüklich und schloß mit den Worten: „Dem ersten, der wieder klüger sein will, als ich, „dem ersten, der etwas Aehnliches wieder ohne „meinen ausdrüklichen Befehl zu unternehmen „wagt, dem jage ich, hol mich der Teufel, eine „Kugel durch sein niederträchtiges Gehirn! So „wahr ich Hiesel heiße, Ihr sollt lernen, mir un„terthan zu sein, lernen, meine Befehle zu ach„ten. — Wie der knikbeinige, klapperdürre Schee„renheld da steht, ein Spizbube und Betrüger „von Haus aus. Wenn du Lust hast zu plün„dern; warum bist du denn so feig, du Saudieb. „Du taugst nur zum einfädeln. — Hört, Kame„raden, fügte Hiesel lachend hinzu: er ist unser „Genoß, sagts aber ja keinem Menschen, auch „dem Herrgott in eurem Gebet nicht, er könnte „es ausplaudern und dann kriegten sie den armen „Teufel bei den Ohren, und machten ihn zum „Klöppel in der großen Landkloke."

Er wandte sich hierauf zur Frau, die ihm wegen seines abscheulichen Fluchens gar nicht zu danken wagte und sich eben mit der Betrachtung und Einpakung ihres geretteten Gutes beschäftigte, mit eben der wehmüthigen Freude, mit der Sancho Pansa einst seinen wiedergefundenen Esel begrüßte; und sagte zu ihr: „geh du nun zum Ober„vogt und sage ihm: ich würde mit meinen Leu„ten heute noch nach Kriegshaber gehn, das „dortige Amt eben so behandeln, und mit jenem „Obervogt noch zehenmal ärger als mit ihm um„gehen.“

Hierauf verließ Hiesel das Haus und marschierte ohne Verzug weiter.

Die Frau des Amtsknechts, die zwar kein Wort von dem Komplimente verstand, welches sie bestellen sollte, verrichtete doch Hiesels Auftrag mit der größten Pünktlichkeit. Sie gieng nach dem Amte und fand den Obervogt, der sich eben seine verwundete Hand verbinden ließ, und den Schreiber Sauter, der nach dem vielfältigen Schreken eben ein niederschlagendes Pulver zu sich nahm. Beide erstaunten über die Frechheit Hiesels und bewunderten seine Güte gegen die arme Frau, die noch voll von Dankbarkeit, im Lobe Hiesels kein Ende finden konnte. Als ihr aber Sauter erzählte, wie Hiesel und seine Rotte mit dem Herrn Obervogt umgegangen wären, wie er ihr die zerhauenen Schränke zeigte und der Verschlag, in den ihn seine Klugheit geführt hätte, dabei mit dem größten Strom der Beredsamkeit die Aengstlichkeit seiner Lage, die Gefahr, in der er geschwebt, beschrieben, konnte die Frau nicht genug erstaunen, sie schlug die Hände zusammen und sagte bloß: „Was das für Menschen sind!“ Der Obervogt bedauerte seinen Freund in Kriegshaber und Sauter freute sich, daß der dortige Schreiber, sein geschworner Feind, nun doch eben so viele Angst als er würde ausstehen müssen.

So schnell vergißt der Mensch die eigene Gefahr, in der er gewesen ist, denn Sauter verspottete nun schon die Feigheit seines Antagonisten, gegen den er an Muth ein Riese zu sein glaubte, er schloß daher von sich auf ihn, und welch Verhältniß also zwischen dem Schreken jenes Schreibers nnd dem seinigen statt finden würde.

Fünfzehntes Kapitel.

Die Attake auf Kriegshaber wird aufgeschoben. — Begebenheiten in Unternefsried, auf dem Durchmarsch nach Anwangen.

Hiesel erfüllte seine lezte Drohung aber nicht, er gieng nicht nach Kriegshaber, weil er mit dem geraubten Gelde noch vorerst zufrieden war; auf dem Wege überlegte er, daß es jezt einmal wieder Zeit sei, ein Beispiel seiner Grausamkeit zu geben, um seine Feinde in einer gewissen ehrerbietigen Entfernung von sich zu erhalten.

Mit diesen Gedanken betrat er und seine

Schaar das Dorf Unternesfried. Er gieng hier in die Schenke und ließ sich und seinen Gefährten einige Kannen Bier geben; als man diese ausgetrunken hatte, entfernte man sich wieder zur größten Freude aller Gäste in der Schenke, besonders eines Amtsknechts, der mit Zittern den großen Hund betrachtet hatte und mit Schreken einige fürchterliche Blike Hiesels aufgefangen hatte.

Schon war die ganze Gesellschaft beruhigt, der Amtsknecht fieng an freier zu athmen und das Bier jezt erst wohlschmekend zu finden; alle wünschten Hieseln eine glükliche Reise und nie wieder die unvermuthete Ehre zu haben, ihn so plözlich bei sich zu sehn, als einer von Hiesels Begleitern in die Stube trat. Alle Bauern erschraken, der Amtsknecht ward blaß und erwartete den Antrag des zurükgekommenen Wildschüzen; dieser gieng auf den Amtsknecht zu, bot ihm freundschaftlich die Hand und redete ihn vertraulich an: „Lieber Freund, wir alle wollten gern noch heut nach Agawang kommen, da aber der Weg etwas schwer zu finden ist, wir überdies in der hiesigen Gegend unbekannt sind, so läßt dich unser Herr Hiesel durch mich ersuchen, ob du für ihn nicht die Freundschaft haben wolltest, uns dahin als Wegweiser zu dienen.“

Amtsknecht (zitternd und verlegen). Lieber Freund, entschuldige er mich doch tausendmal bei dem werthgeschäzten Herrn Hiesel, ich lasse ihm meine Empfehlung machen und tausendmal um Verzeihung bitten — massen ich in Geschäften meines Amtes nach dem dortliegenden Dorfe hinbeordert bin, und also nicht das Vergnügen haben kann — —

Wildschüz. Ei was! ein vernünftiger Mensch muß sein Vergnügen seiner Pflicht vorziehen, also weiter keine Umstände — —

Amtsknecht. Ich habe ausserdem noch das Unglük, daß ich heut auf dem einen Fuß etwas hinke — —

Wildschüz. Ach, das thut nichts zur Sache, du sollst bloß unser Wegweiser sein, und also wollen wir dich wechselsweise tragen.

Amtsknecht. Ich werde ihn inkommodiren.

Wildschüz. O nicht im Geringsten! Kurz, — du wirst doch nicht verlangen, daß wir verirren und wie die Narren durch den Busch laufen sollen, und vielleicht morgen früh wieder auf dem Flek stehn, auf dem wir jezt sind. Ohne Komplimente! — —

Und in demselben Augenblik sezte er dem Amtsknecht den Hut auf, der neben ihm auf der Bank lag, gab ihm seinen Stok in die Hand, zog ihn auf und schleppte den sich sträubenden Amtsknecht zur Thür hinaus.

Alle Bauern, die sich in der Schenke befanden, sahen dem unglüklichen Schlachtopfer der Hieselschen Rotte mit Mitleid nach, denn sie ahndeten sogleich die Absicht Hiesels; sie versammelten sich daher alle, nachdem sie aber wohlweislich noch zuvor ihre Krüge geleert hatten, um diesen Amtsknecht aus den Händen der Hieselschen Bande zu befreien. Da sie aber Hiesels Muth und Stärke kannten, so berathschlagte sich die Gesellschaft lange, ehe sie einen Entschluß faßte, und da man sich auch überdies bei diesem Unternehmen nicht sehr übereilte, so war Hiesel mit seinen Leuten und dem Amtsknecht schon eine ziemliche Weite von diesem Dorfe entfernt. Der Amtsknecht war indeß von Hiesels Begleitern schon so gemißhandelt worden, daß er dem Tode nahe war. Hiesels Schaar hatte sich seit langer Zeit nicht so geschäftig zur Grausamkeit bewiesen, als hier; denn jeder Schritt, den dieser Amtsknecht auf dem Wege nach Agawang that, war für ihn eine neue Mißhandlung. Denn kaum war er aus dem Wirthshause getreten, als ihn alle sogleich freundschaftlich in ihre Mitte nahmen, man brach auf und der Amtsknecht ward von dem einen hiehin, vom andern dorthin gestossen; man warf ihn sich zu, wie einen Ball. Nach diesem Spiele zog man die Hirschfänger und schlug ihn mit den Klingen, welcher Zeitvertreib mit Flintenstößen abwechselte; er erhielt hierauf eine Menge Wunden.

so daß er umsank; dadurch ward die Wuth der Gefährten Hiesels noch mehr gereizt. Mit erneuertem Grimme stürzten alle mit den Hirschfängern auf ihn zu und stießen ihm diese in den Leib. Er erhielt auf diese Art acht Wunden in den Kopf, von denen drei tödtlich waren, einige Finger der linken Hand waren abgehauen, die übrigen gelähmt, auch an den Füssen war er verwundet. Die größte Wunde aber hatte er in den Unterleib erhalten. So sank er nieder und alle hielten ihn für todt, man wollte ihn eben beobachten, ob er keine Zeichen des Lebens mehr von sich gäbe, als man ein verwirrtes Geschrei hörte, die Bauern aus der Schenke machten sich auf, bewaffnet mit Heugabeln, Dreschflegeln, Flinten, die schon seit zehn Jahren kein Schloß mehr hatten, die Hüften mit Degen geschmükt, denen nichts, als die Klinge fehlte; kurz, die sich bewaffnet hatten, so gut es ihnen nur in der Eil möglich gewesen war. Hiesel sah diesen Haufen näher kommen und überlegte bei sich, ob er diese Helden aus dem Felde schlagen, oder sich zurükziehn sollte; da er aber einsahe, daß ein solcher Sieg für ihn unmöglich ehrenvoll sein könne, er es auch nicht der Mühe werth hielt, um einen todten Amtsknecht eine Schlacht zu liefern, so zog er sich zurük. Da die Bauern ihren Feind weichen sahen, so suchten sie ihn auch nicht weiter zu verfolgen; sie nahmen den Amtsknecht, trugen ihn in die Schenke zurük, wo sie ihm seine Wunden verbanden, er aber bald darauf starb.

Die Sonne war indeß untergegangen und nun fieng Hiesel erst an zu überlegen, wie schimpflich es ihm gewesen sei, sich vor einer Schaar zusammengelaufener Bauern zurükzuziehn; er glaubte, man würde ihm dies vielleicht für Feigheit auslegen und sein ganzer Ruhm könne durch diesen einzigen Vorfall zernichtet werden, er verlöre also auch dadurch seine Sicherheit, wenn sich künftig Niemand vor ihm fürchtete. Durch diese und ähnliche Ueberlegungen war sein Stolz empört. Er befahl plözlich mit lauter Stimme seinem Gefolge, Halt zu machen, kehrte hierauf mit diesem auf dem Wege nach Agawang um, und zurük in das Dorf, welches sie verlassen hatten. Hiesel zog sich durch das Dorf und schoß mehrmals in die Häuser hinein, um zu zeigen, wie sehr er die Verfolgung der Bauern verachte. Der Heldenmuth dieser Dorfbewohner war indeß verraucht, keiner wagte es, sich Hieseln entgegenzustellen. Da Hiesel so lange Zeit alle seine Feinde zum Kampfe aufgefordert hatte, umringte er den Pfarrhof, weil er glaubte, der Prediger habe Antheil an dem Unternehmen der Bauern gehabt; das erste, was er hier unternahm, war, alle Fenster mit eigner Hand einzuschiessen, dann schlug er die Fensterkreuze ein; da aber das

Haus aus Steinen gebauet war, und daher der Versuch, es einzureissen, mißlang, so zog sich Hiesel mit seinem Heere wieder zurük, nachdem er noch zuvor den ganzen Vorrath seiner Flüche (der ziemlich ansehnlich war) über den Pfarrer ausgeschüttet hatte.

Sechzehntes Kapitel.

Nachstellungen, — vergebliches Auflauern. — Ueberfall in Medlingen. — Besuch Hiesels im Kloster. — Kapitulation. — Rettung des Amtmanns. — Pferdekauf.

In der Gegend des Klosters Medlingen gab sich ein Baron von Rackeniz, den es natürlicherweise sehr verdroß, daß Hiesel sich die Freiheit nahm, ihm sein Wild wegzuschiessen, da er selbst ein grosser Freund dieses Vergnügens war, die größte Mühe, Hieseln und mit ihm sein ganzes Heer aufzuheben. Hiesel, der in solchen Fällen nie undankbar war und das Sprichwort: Maaß für Maaß, oder Gleiches mit Gleichem, nie vergaß, hatte diese Bemühungen äusserst übel aufgenommen, und erwiederte sie dadurch, daß er sich alle ersinnliche Mühe gab, nicht nur des Herrn von Rackeniz Anstalten zu vereiteln, sondern ihn selbst auch in seine Hände zu bekommen. Das erste gelang ihm, wie es ihm bis jezt immer gelungen war, das zweite nicht so. Er hatte, seitdem er die Verfolgungen des Rackeniz erfahren hatte, ihm aufpassen lassen und selber aufgepaßt, aber jederzeit vergebens, das Ohngefähr war jederzeit so gnädig und vorsichtig, den Freiherrn vor den Nachstellungen seiner Feinde in Sicherheit zu sezen. Aber Rache mußte Hiesel haben, wenn er sich einmal Rache vorgesezt hatte; er ward es daher nicht müde, sich in diesen Gegenden aufzuhalten, an welchen Orten er nur irgend einen Argwohn haben konnte, daß der Baron sich treffen ließe, stellte er einige seiner Auflaurer hin, die aber jederzeit zurükkehrten, ohne ihren Feind mitzubringen.

So waren schon mehrere Wochen verstrichen, als Hiesel sich einst in dem obern Wirthshause des Dorfes Medlingen befand. Ausser Athem kam einer seiner Spione zu ihm in die Schenke gestürzt. „Was giebts? fragte Hiesel mit seiner gewöhnlichen Kaltblütigkeit.“ —

Wir haben — keuchte der Abgesandte,

Den Baron? rief Hiesel, sprang auf und griff nach seiner Flinte.

Nicht den Baron, erhielt er zur Antwort, sondern seinen Amtmann: — und nun erfuhr er, daß dieser Amtmann in das untere Wirthshaus des Dorfes abgestiegen sei, dort sein Pferd gelassen und sich nun in das Kloster zu den ehrwürdigen Vätern verfügt habe, wahrscheinlich um einige Aufträge ausrichten, und es sich dann bei einer fetten Mahlzeit recht wohl schmeken zu lassen.

Hiesel, über diese Nachricht sehr erfreut, befahl das Pferd des Beamten aus dem untern Wirthshause in das obere zu ihm zu führen. Dieser Befehl ward sogleich vollzogen; das Pferd, welches sich eben bei einigen Mezen Haber gütlich that, ward von der Krippe losgebunden und nach der Schenke geführt, in der sich der zürnende Hiesel aufhielt. Zu gleicher Zeit schikte Hiesel einen andern Abgesandten mit geheimen Aufträgen in das Kloster.

Hier saß der Amtmann eben mit den geistlichen Herren an einer wohlbesezten Tafel, das Essen war vortreflich, der Wein nicht weniger gut und beides genoß man mit dem größten Wohlbehagen, als Hiesels Abgesandter heimlich einem der Mönche gemeldet ward. Dieser gieng hinaus und fragte den Fremden mit ziemlichem Ungestümm, was er wolle, und wie er es wagen könne, ihn beim Essen zu stören?

Der Wildschüz sah ihn verwundernd an und bat sich denn aus: man möchte ihm etwas höflicher und nicht mit so ausnehmendem Ungestümm begegnen, er wäre ein Abgesandter und müsse daher von jedem, der nur etwas von Völkerrecht wisse, mit Höflichkeit begegnet werden.

„Du ein Abgesandter?“ fragte der Pater und maß ihn mit den Augen.

Ja, ein Abgesandter, antwortete hizig der Wildschüz, und zwar vom Herrn Hiesel! — —

Bei diesen Worten ward das Gesicht des Geistlichen mächtig verändert, die Augen wurden größer, die emporgeworfene Oberlippe sank, die Nase, die sich so stolz gehoben hatte, bog sich mit dem Kopfe demüthig herab, das Kinn machte einige Schritte rükwärts, der Troz verließ den Mund des Paters und ein wehmüthiges freundschaftliches Lächeln trat an dessen Stelle.

„Also — vom Herrn Hiesel kommt Ihr, guter Freund?“ fragte er mit einer Mine und mit einem Ton, der so bescheiden als möglich war, und gewissermaßen um die Freundschaft des Wildschüzen zu bitten schien.

„Ja, vom Herrn Hiesel,“ antwortete dieser mit troziger Mine, denn er hatte jezt das abgelegte Gesicht des Paters angenommen.

Pater. Und was verlangt denn — Herr Hiesel?

Wildschüz. Daß ihr sogleich stehendes Fusses, den fremden Kerl, der bei euch drinnen beim frohen Gelage sizt, herausgebt.

Pater. Ich verstehe euch nicht. Bei uns ist kein Fremder; sagt eurem Herrn, er müßte sich irren, wir können daher, so gern wir auch wollten, sein Verlangen nicht erfüllen.

Mit diesen Worten ließ der Mönch, der sich durch diese Wendung sehr fein aus der Sache gezogen zu haben glaubte, den Wildschüzen stehn, der sich mit einem kalten „So?“ wieder aus dem Kloster entfernte und wörtlich seinem Herrn die Antwort des Mönchs überbrachte.

Der Mönch war indeß menschenfreundlich genug, nichts von dem Anfragen des Rachedürstenden Hiesel bei Tische zu erzählen; denn er wußte vielleicht aus Erfahrung, wie grausam es sei, und wie unangenehm auf der andern Seite, plözlich, erst halbgesättigt von einer vortreflichen Tafel aufstehn, oder doch wenigstens jeden Bissen mit Angst und Zittern geniessen zu müssen. Er antwortete daher auf Befragen, was vorgefallen sei, er hätte nur ein gleichgültiges Geschäft abzumachen gehabt, und da die Gesellschaft mit dieser Antwort zufrieden war, so wurde im Essen, Trinken und Lustigsein fortgefahren. Alle waren vergnügt, der Pater hatte schon Hiesels Auftrag vergessen, als man ein Klopfen an der Thür hörte; der dienstfertige Pater erschrak, und vermuthete nicht ohne Grund, daß dies wieder eine Gesandschaft Hiesels sein würde. Er trank also mit einem schnellen Zuge sein Glas aus und gieng aus dem Zimmer. Er fand, wie er vermuthet hatte, den Wildschüzen auf dem Gange. Er gieng auf ihn zu und redete ihn freundlich an: Was wollt ihr wieder, guter Freund?

Wildschüz. Ihr wißt schon, was ich will, ihr sollt den Fremden herausgeben.

Pater. Lieber Mann, habt ihr denn schon vergessen, was ich euch vor einer halben Stunde sagte? Wir wissen hier nichts von einem Fremden.

Wildschüz. Wir aber wissen's besser, wir haben ihn sehn hier herein gehn; denkt ihr denn, das wir blind sind? Wir können wahrhaftig mit unsern Augen besser sehn, als ihr da aus dem feisten aufgedunsenen Gesichte mit den rothen Augen. — Und wenn auch das alles nicht wäre, Hiesel hat's gesagt, der Fremde sei hier, und was Hiesel sagt, ist immer wahr gewesen und muß wahr sein; Hiesel lügt nicht, wohl aber Ihr und Eures Gleichen.

Pater (etwas hizig). Nicht unbescheiden, sonst —

Wildschüz. Nun! nun! Ich habe keine Ordre, mich hier mit euch zu streiten. Ihr wollt uns also den Fremden nicht geben.

Pater. Ich habe euch ja schon einmal gesagt — —

Wildschüz. Nun so sag' ich euch nur, daß euch Herr Hiesel noch eine Viertelstunde Bedenkzeit giebt, liefert ihr dann nicht den Fremden aus, nun — so sehn wir uns genöthigt, das Kloster zu bestürmen und uns den Fremden mit Gewalt herauszuholen.

Pater. Das wird der Himmel verhüten!

Wildschüz. Nein, er wird es gewiß nicht verhüten. Denkt indeß darüber nach, eine Viertelstunde vergeht bald, dann bin ich wieder hier und hole Antwort; und bewilligt ihr unser Verlangen nicht, so hat Hiesel hoch und theuer geschworen, euer Kloster mit stürmender Hand zu erobern und den Amtmann bei den Haaren herauszuschleppen.

Der Mönch stand und überlegte, der Wildschüz gieng indessen mit der größten Kälte fort. Blaß und zitternd kehrte der Pater zur fröhlichen Gesellschaft zurük; der Amtmann bemerkte sein bleiches Gesicht und fragte, ob er krank sei?

„Nicht im Geringsten," war die Antwort, „ich habe nur da draußen etwas in der Zugluft gestanden."

Die Gesellschaft, die etwas nöthigers zu thun hatte, als sich um das kranke Aussehn des Paters zu bekümmern, fuhr nun in ihrem angefangenen Werke mit Kraft und unermüdeter Thätigkeit fort; eine Flasche gab nach der andern ihren Inhalt her, und es gieng den ehrenvesten Herren mit den Gaben des fröhlichen Bachus, wie nach des stolzen Verfassers Dünkel es seinen Lesern mit dieser Hieseliade gehen wird; auf jede leere Flasche folgte eine volle, und man schielte oft von der Neige der einen zur Vollständigkeit und Fülle der andern hinüber, grade so, wie der Leser aus der Mitte eines Kapitels nach den Ueberschriften des folgenden sehn wird, um, wie ein wakerer Zecher, der die Flasche gegen das Licht hält, schon an der Farbe zu sehen, von welchem Jahre der edle Niersteiner ist; an den vielversprechenden Anschlägen, die die Erwartung gewaltig spannen, zu sehen, was kommen wird.

Doch, Eigenlob — — — obgleich Niemand mehr von der Kunst des Verfassers die Erwartung zu spannen, überzeugt sein kann, als er, der Verfasser selbst, und das nach wohlhergebrachter Autorspflicht.

Unsere diken Herren konnten dieses Zeitvertreibes gar nicht müde werden, als ein drittes Klopfen den Pater hinausrief. Er kam zurük, bleicher als das vorigemal, und in der sichtbarsten Verlegenheit, die diesmal zu auffallend war, als daß sie nicht sogleich die ganze Gesellschaft hätte bemerken sollen. Der Amtmann fragte ihn von neuem, was ihm fehle, und nun war es dem geängsteten Pater unmöglich, sich zurükzuhalten. „Der boshafte Hiesel,“ sprach er mit unterbrechendem Stottern, „fordert von uns den Herrn Amtmann!“

Wie, was? schallte es über die ganze Tafel, alle Gesichter, die sich in der lieblichsten Rundung wälzten, verzogen sich zu einem polygonartigen Oval und der erblassende Oberamtmann goß sich den Wein in die Halskrause. — Wie? was? schallte es noch einmal aus jedem Munde.

Mönch. Dies war die Ursach meines Schrekens, denn der aufgebrachte, wüthende Hiesel will mit gewaffneter Hand in unsre heiligen Mauern dringen, er droht uns alle zu ermorden, wenn sein Feind nicht ausgeliefert wird, an den er zum allgemeinen Schreken ein furchtbares Beispiel seiner Grausamkeit geben will.

Der Amtmann, der indeß bemerkt hatte, daß er eigentlich schon lange nicht mehr hungrig und durstig gewesen sei, wandte sich in der größten Beklemmung an den Prior, der zu seiner Seite saß. — Mein Gott! rief er, schüzen Sie mich in dieser schreklichen Lage, dieser Räuber wird doch diese Mauern ehren, er wird Sie doch fürchten?

Pater. O! dieser Bösewicht, schreklicher als Satanas, ehrt und fürchtet Gott nicht einmal, wie viel weniger den Herrn Prior? Wenn er einmal etwas beschlossen hat, so ist es schwerer, ihn von der Ausführung zurükzuhalten, als den Strom von seinem Lauf. Er macht sich kein Gewissen daraus, unser Kloster einzureißen, unsre Reliquien in den Fluß zu stürzen, ja das heilige Marienbild selber in das Feuer zu werfen, wenn es darauf ankömmt — —

Prior. O genug! Ihr laßt ihm keine Gerechtigkeit widerfahren! Hiesel ist nicht, wie ihr behauptet, ein Gotteslästerer. Ich kann ihn nicht vertheidigen, aber er hat sich wenigstens bis jezt gegen die meisten Geistlichen sehr ehrfurchtsvoll betragen. Ich nehme Sie, lieber Freund, (hier wandte er sich zum Amtmann) in meinen Schuz, und ich verspreche mir, das Herz dieses Grausamen zu erweichen, er wird es nicht wagen, in diesen geweihten Mauern eine Frevelthat zu begehn. Daher ist es nach meiner Meinung am besten, wir schiken als Abgesandte einige Mönche zu ihm mit Friedensvorschlägen, wenn Pater Augustin — — doch warum krümmst du dich so, warum verzerrst du dein Gesicht so gewaltsam?

Augustin. Verzeiht mir, ehrwürdiger Herr, ich leide von einer ungewöhnlich starken Kolik, ich wünschte mich in meine Klause verfügen zu können.

Ein andrer Mönch. Wie der arme Bruder die Augen verdreht, wie er sich windet, komm lieber Brnder, ich will dich in deine Zelle geleiten, denn ich befürchte wirklich eine Ohnmacht.

Bruder Augustin ließ sich wegführen und mehrere Mönche folgten ihm mit der Mine des Mitleids.

Xaver. Geht nur, euch allen hat der Name Hiesel ein Schreken eingejagt; aber ich fürchte ihn nicht, ich will mit meinem Bruder Anton die Gesandschaft an den Herrn unternehmen und hoffe mit Frieden und Seegen zurükzukehren.

Prior. Nun gut, so geht, nehmt das Herz dieses Unmenschen in die Presse, sucht seine Rachgier durch christliche Ermahnungen zu stillen, bringt es dahin, daß er den Herrn Amtmann im Namen des Herrn unbeschwert ziehen lasse. Der Herr sei mit euch!

Mit diesen Worten entließ der Prior die Mönche, die schon unterwegs ihre Herzhaftigkeit sehr reuete, und die daher ihre Zuflucht zu dem Universalmittel der Angst und Furcht nahmen, sie beteten auf dem Wege nach Hieseln unermüdet ihren Rosenkranz.

Indeß war im Kloster alles in den größten Aengsten, der Prior hatte genug zu thun, den Amtmann zu beruhigen; die Kolik des Bruder Augustin nahm immer zu, immer mehrere der heiligen Brüder schlichen sich zu ihm, ihm beizustehen; noch mancher andre bekam Kopfweh und gieng aus dem Saal in sein einsames Kämmerlein, wo er gar andächtig für die Rettung seines so schön genährten Leibes flehte; den Amtmann hatte jeder schon vergessen, der indeß mit Zittern dem Augenblik entgegenharrte, da die Gesandten zurükkämen. Diese verzögerten lange und der Prior gab sich alle Mühe, daraus schon etwas Gutes zu ominiren, als Xaver und Anton erhizt und mit den schönsten Carmesinrothen Gesichtern zurükkehrten.

Der Amtmann lief ihnen schnell entgegen und fragte wohl zehnmal: Nun, wie stehts?

Der Prior hob sich in seinem Sessel ein wenig empor, und fragte gravitätisch, mit einer Mine, die der Geistlichkeit so zu eigen geworden ist, daß selbst Furcht, die nahe Verwandte dieses Standes, sie nicht verscheuchen kann: Nun, Brüder, hat eure Ermahnung das Herz des Rachsüchtigen gerührt?

Xaver. Er ist unerbittlich!

Anton. Unerweichlich!

Amtmann. O mein Gott! so bin ich verlohren!

Prior. Aber so redet doch, erzählt doch etwas umständlicher, wie eure Gesandschaft abgelaufen ist.

Xaver. Erlaubt mir, ehrwürdiger Herr, daß wir zuvor einigen Athem gewinnen. — Wir kamen in der Schenke an, und fanden Hieseln und seine ganze Rotte, die Feuer vom Himmel, wie die Schaar Kora und Dathan wegfressen möge, beim Trinken beschäftigt, sie sahen uns kaum in die Schenke treten, als alle ein lautes Gelächter erhoben.

Prior. Wie? was? Sie lachten?

Anton. Ja, und zwar so, daß die Fenster zitterten; wir standen da, beteten einige Ave-Maria's an unserm Rosenkranz hinunter und traten dann mit Zittern näher.

Xaver. Ich gieng dreist auf sie zu, als der grosse Hiesel plözlich aufstand, eine Flinte nahm, und mir so entgegengieng. Ich griff schon nach meinem Rosenkranz, gewann aber doch so viel Muth, ihn mit einer donnernden Stimme und mit einem wohlgesezten Perioden anzureden.

Amtmann. Und Hiesel?

Anton. Lachte und maaß uns mit seinen grossen, rollenden schwarzen Augen, die ihm wie Feuerräder im Kopfe herumgehn. Wir gewannen endlich so viel über ihn, daß er uns anzuhören versprach, als —

Xaver. Als plözlich von der Bank ein unverschämter Bube aufstand, auf Hieseln zugieng und ihn um die Erlaubniß bat — —

Anton. Ja, denkt einmal, und ihn um die Erlaubniß bat, uns beiden die Nasen aus dem Gesichte zu schiessen!

Freilich ein ruchloses Unternehmen, so wakern Herren ihrer schönsten Zierde des großen Rubins ihres Antlizes zu berauben. Die Anwesenden erschraken, der Prior aber, der hier den Unterschied zwischen sich und diesen Herren fühlte, und den dies Gefühl überzeugte, man würde ihm nicht so begegnet sein, fragte lachend: Und was thatet ihr denn bei diesem Vorschlage?

Anton. Wir — zitterten.

Prior. Und ward denn die Erlaubniß ertheilt?

Anton. Ehrwürdiger Herr, das müßt ihr uns ja im eigentlichsten Verstande an der Nase ansehn können, daß dies nicht geschah! Hahaha!

Prior. Ha, ha, ha!

Amtmann. Lieber Freund, sie können in dieser, für mich so sehr gefährlichen Lage noch scherzen?

Prior. Es ist wahr, Scherz gehört nicht hieher! — Fahrt fort, und du, Anton, erzähle ernsthaft.

Anton. Ernsthaft wird es schon werden, dafür hat Hiesel gesorgt. Wir wurden noch auf mancherlei Art geängstigt, als Hiesel endlich unsern Antrag geduldig anhörte. Als wir ausgeredet hatten, sagte er — — —

Xaver. Wir wären Narren und sollten uns zurük in unser Kloster scheeren! Wir wären nicht dazu bestellt, uns in seine Unternehmungen zu mischen. Wir möchten in unsern Zellen auf die Knie fallen und andächtige Gebete zum Himmel schiken, damit er nicht in unser Kloster dringe und keinen Stein auf dem andern lasse.

Prior. Der Verruchte! so sprach er? — — Keinen Stein auf dem andern!

Dem Prior ward schwach. Anton fuhr fort: „Uns selbst aber rieth er, uns so eiligst als mög-

„sich davon zu machen, damit er nicht das Begeh=„ren seines Buben (so nannte er jenen unverschäm=„ten Schlingel) bewilligen möchte. Wir waren „in den größten Aengsten, wagten es aber den=„noch von neuem, ihm gelinde Vorstellungen zu „thun, und wir schienen ihn endlich etwas erweicht „zu haben.“

Xaver. Aber da drängte sich der Unverschämte, ein Bube mit einer Stumpfnase und aufgeworfenen Lippen, großen grauen Augen und schwarzen Borsten auf dem Kopfe, von neuem hervor; er hielt eine Rede, in der er alle gute Gesinnungen seines Herrn zu Boden schlug, so wie ein Controversprediger die Kezer zu Boden schlägt.

Prior. Sprecht mir doch ohne allen Schmuk, ihr sollt erzählen. Spart das, ihr braucht es wohl wieder.

Anton. Hiesel ergriff seine Flinte und wollte uns von seinen Leuten aus der Schenke werfen lassen, aber ich trat ihm entgegen und fieng meine Ermahnung zur Frömmigkeit, zur Menschenliebe, zur Gottseligkeit von neuem an; er hörte uns zu, spielte mit seinem Schloß an der Flinte und wir mußten jeden Augenblik erwarten, daß er einen von uns beiden todt zu Boden strekte. Als ich geendigt hatte, sprang er unter den erschreklichsten Flüchen auf (ich schaudre noch, wenn ich daran denke) und schwur, daß er den verdammten Spiz=

buben (Verzeihung, er meinte Sie, Herr Amtmann) durchaus heraus haben müßte.

Xaver. Bruder Anton verlohr hier schon allen Muth und wollte umkehren; ich aber nahm noch einmal die ganze Stärke meiner Beredsamkeit zusammen, trat unerschroken auf den erzürnten Hiesel zu und brachte es endlich nach vielen Umschweifen so weit, — verzeiht, ehrwürdiger Herr, wenn ich ohne Vollmacht handelte, es schien mir aber unter diesen Umständen das schiklichste zu sein, — daß ich Hieseln endlich beredete, zu einer Unterredung mit dem Herrn Amtmann, zu uns ins Kloster zu kommen, denn hier wird er sich doch wenigstens anständiger betragen, als dort in der Schenke bei seinem Gesindel, wo jeder ihn von neuem wieder aufhezt, wenn er so eben etwas erweicht ist.

Prior. Ja, ja, Ihr habt Recht, Bruder Xaver.

Amtmann. Mein Gott, — ich weis nicht, — also wird er wirklich kommen?

Anton. Ich denke, daß er sogleich hier sein wird.

Amtmann. Ich kann es unmöglich zugeben, meine liebsten Freunde, wenn ich so unverschämt sein darf, diese Bitte zu wagen — giengen Sie wohl noch einmal zu Hieseln zurük? Da er schon so viel zugegeben hat, so wird er höchst-

wahr=

wahrscheinlich noch mehr nachgeben, sprechen Sie recht ernstlich mit ihm und er läßt mich vielleicht in Ruhe und Frieden nach Hause ziehn.

Die Mönche sahen sich lange an, endlich nahm Xaver den zögernden Anton bei der Hand, und beide giengen zum zweitenmal ihr Heil bei Hieseln zu versuchen.

Amtmann. Aber, ehrwürdiger Herr, könnte ich mich denn nicht durch die Flucht retten? Könnte ich nicht durch den Garten entfliehen?

Prior. Unmöglich! Sie wissen, daß er sich beim Ausgang des Dorfes endigt, und daß es eben dort ist, wo Ihr erbitterter Feind auf Sie lauert.

Amtmann. O rathen Sie mir! Helfen Sie mir! Was soll ich in dieser Lage anfangen?

Prior. Vor allen Dingen müssen wir die Zurükkunft der Brüder erwarten.

Amtmann. Und wenn nun Hiesel nicht besänftigt ist, was denn — —

Prior. Je nun, der Herr, der für die Sperlinge wacht, daß keiner von ihnen auf die Erde fällt, wird Sie auch bewachen. Wenn er es will, so kann Ihnen von Ihrem Feinde auch noch nicht ein Haar gekrümmt werden.

Diesmal verweilten die Abgeschikten nicht so lange, sie kamen bald mit der größten Eilfertigkeit zurük.

Xaver. (hereinstürzend). Er ist härter, als ein Fels! Er kömmt uns sogleich nach.

Prior. Er kommt hieher?

Xaver. Er muß gleich hier sein.

Amtmann. So bin ich verloren!

Xaver. Er will von keinen andern Friedensvorschlägen hören, er will jezt selbst mit Ihnen, Herr Amtmann, sprechen.

Anton. Er wollte seinen Hund auf uns hezen, der grimmig aussieht, wie Belzebub; er sagte, er wolle ihr Pferd in tausend Stüken zerhauen und die Stüke im Kloster herumhängen.

Der Amtmann sah nun wohl ein, daß er würde Audienz ertheilen müssen, Hiesel ward eingeladen und er erschien mit einer Kugelbüchse bewaffnet, von seinem Buben und dem grossen Fanghunde begleitet.

Anton. Ums Himmelswillen, lieber Herr Amtmann, widersprechen Sie diesem Ungeheuer nicht, er mag sagen, was er will, geben Sie ihm in allen Dingen Recht.

Der Amtmann versprach dies zu thun, Hiesel erschien mit seinen beiden Begleitern, und man führte die drei ehrliche Herren sogleich in den Saal. Man sezte Stühle, Hiesel saß dem Amtmann gegenüber, der Bube dem Xaver und der Prior saß oben zwischen dem Amtmann und Hiesel, legte die Hände auf den Bauch und erwartete mit Vertrauen auf Gott den Ausgang dieser Sache. Der Hund wollte sich seiner alten Gewohnheit nach auf den Tisch legen; da er hier noch die Ueberreste des Bratens vorfand, so machte er sich ohne Scheu über diesen her und verzehrte ihn in Ruhe.

Hiesel (gleich beim Eintritt). Nun, zum Teufel, da bin ich! Was sollen die vielen Winkelzüge? — Aha! da bist du ja mit dem Tressenkleide! — Sieh, hier diese geladene Büchse wird dir sogleich, das schwör' ich bei zehntausend Teufeln, durch den Kopf geschossen, wenn du mir nicht die Wahrheit sagst! Sage, oder dich soll das Donnerwetter erschlagen! Bist du nicht etwa selbst der Baron von Rackeniz.

Amtmann (zitternd). Nein, hochedler Herr Hiesel! Ich habe nicht die Ehre. — Ich bin nur der unwürdige Beamte des Freiherrn von Rackeniz.

Hiesel. Nun, ich will es dir glauben, denn so wie ich gehört habe, sollen die Edelleute bessere Menschen, als alle andere sein, und folglich müssen sie auch mehr Muth haben, daß du aber eine feige Memme bist, ist so klar, wie der Tag. — Warum zitterst du denn so?

Amtmann. Ich habe schon seit einigen Tagen einen kleinen Anfall vom Fieber.

Hiesel. So? — Sobald du die Hitze kriegst, so laß es mir nur melden, ich will dich sogleich kalt machen.

Amtmann. Hat keine Noth. — Was will denn der hochedle Hiesel jezt mit mir sprechen?

Hiesel. Ja so! — Wovon war doch gleich die Rede?

Bube. Wovon? — Von dem Tode dieses Schurken! Wovon anders? Denn daß er ein Schurke ist, kann ihm doch wohl ein jeder an den Augen ansehn! War er es nicht, der uns nun schon seit mehreren Wochen nachstellt, wie der Jäger dem Dachs auflauert: Hat er nicht selbst einmal nach mir geschossen, als ich allein durch den Wald streifte, und dich eben aufsuchte? Hat er nicht das Wild wieder forttragen lassen, das wir erlegt haben? Ist er es nicht endlich, der Tag und Nacht nichts sehnlicher, als unsern Tod gewünscht hat? — Warum wollen wir uns denn also ein Bedenken machen, Gleiches mit Gleichem zu vergelten? Wir haben schon so viele so hart gestraft, der Amtsknecht ist auf dem Wege nach Agawang umgekommen, und doch hatte er uns nie mit Augen gesehn, — und dieser Erzspizbube, der uns alle an den Galgen und dich aufs Rad hat bringen wollen, sollte so unbestraft, sollte mit dem Leben davonkommen? das wäre wider die ersten Grundregeln deiner Geseze, gegen die Gerechtigkeit, der du doch sonst stets folgst. Wir rasten nun hier schon seit vier Wochen, wir schiessen dem gnädigen Herrn Wildpret, das der Rackeniz verkauft, wir werden hier lächerlich, keiner fürchtet sich mehr vor uns, die Bauern zeigen mit Fingern hinter dich her, als auf einen, dessen Gewalt bald gesunken sein wird, und an allem diesem ist bloß dieser betreßte Schurke Schuld! Er muß ermordet werden und dein Name wird wieder von jedermann gefürchtet werden; man wird dich wieder den tapfern Hiesel nennen, und der Baron wird zittern und nicht wagen, etwas künftig gegen dich zu unternehmen. Also sind wir hier, nicht mit dir, Schurke, zu sprechen, sondern dir deinen Kopf vor die Füsse zu legen.

Hiesel. Ja, ja! du hast Recht! Sapperment! Ich hatte fast alle diese Streiche schon wieder vergessen? — Siehst du, feiger Schuft, fürs erste laß ich dein sauber aufgeputztes Pferd da von meinem P a k a n in Stüken reissen. Ich bin kein Bösewicht, sonst könnte ich dir hier die Kugel durch den Kopf jagen, aber dies soll geschehen, sobald du nur einen Fuß aus den Mauern dieses Klosters sezest; und daß wir dich sogleich in unsre Hände kriegen, daran ist gar nicht zu zweifeln, denn Mann an Mann stehn meine Leute um das Kloster herum, alle Eingänge werden besezt, daß auch keine Maus unexaminirt heraus = oder hereinkann: den Kammerdiener deines Herrn denken wir auch schon zu kriegen, ihr sollt die lange Reise zusammen machen — und dein Herr, — wenn er nicht aufhört, uns zu verfolgen, — siehst du, der Don=

ner soll mich in zehntausend Millionen Stüken zerschlagen, wenn ich nicht mit meinen Leuten in euer Schloß dringe und den saubern Herrn in seinem Zimmer erschiesse, wenn ich ihn auf keine andre Art bekommen kann.

Eine lange Pause. Die ganze Versammlung schwieg. Hiesel schien seine Kugelbüchse in den Stand zu sezen, seine Drohungen sogleich zu erfüllen; der Bube zupfte den Hund bei den Ohren und schlelte nach Hieseln, der Amtmann zitterte, Xaver sah sich nach seinem Gefährten Anton um, der schon bei dem Eintritt Hiesels davon geschlichen war; der Prior sah nachdenkend auf seinen Bauch hinunter, und der Hund ließ sich den Braten wohlschmeken, und murrte nur zuweilen durch die Stille, wenn der Bube ihm zu heftig mit den Ohren spielte. Endlich hob der Prior langsam die gefaltenen Hände gegen Hiesel auf, und hielt ihm eine lange Rede von der Ergebung in den Willen Gottes, von Gottes Güte gegen die Menschen, von dem Tode des Erlösers und von hundert andern recht guten Sachen, die aber allenthalben besser als hieher paßten; denn Hiesel wäre bei dieser Predigt ganz und gar eingeschlafen, wenn ihn der Bube nicht dadurch zuweilen, daß er ihn an seine zu nehmende Rache erinnerte, aus dem Schlummer gewekt hätte. Xaver, der die Unzwekmäßigkeit der Rede des Prior vollkommen einsah, faßte die Sache bei einem andern Ende, er suchte über Hiesels Weichherzigkeit zu siegen, er suchte ihn zum Mitleid zu bewegen, und dies gelang ihm wirklich, Hiesel legte seine Büchse auf den Tisch und hörte aufmerksam die Worte Xavers an; der Prior, der nun keinen Lärm und Geschrei mehr hörte, fieng an mit dem Kopfe seinen Bauch einmal um das andre zu grüssen; da aber der Bauch nicht dankte, nikte er immer wieder von neuem, bis der Kopf allgemach hinab gesunken war und mit seinem Freunde dem Bauche eine geheime Unterredung zu halten schien. Schon war Hiesel auf den Punkt, auf den ihn Xaver haben wollte, schon athmete der Amtmann freier und fieng an den Schweiß, den er vorhin vergossen hatte, von den blanken Knöpfen zu puzen, als der Bube wieder alles einriß, was Xaver mit der größten Mühe aufgebaut hatte; Hiesel war in einem Augenblik wieder so aufgebracht, als er vorher gewesen war, er schwur bei allen Teufeln, die er nur irgend einmal hatte nennen hören, der Amtmann müßte sterben. Das Spiel der Knie und der Finger des Amtmanns gerieth von neuem in Bewegung und bald zitterte wieder bis auf die Perüke der ganze Körper des Amtmanns; der Prior wachte wieder auf. Xaver ließ noch nicht allen Muth sinken, er goß von neuem das Wasser des Glaubens und der christlichen Tugenden in die lodernde Flamme der Rachsucht;

schon sank diese, als der Bube von neuem eine ganze Flasche Oel in die leuchtende Glut schüttete und die Flamme noch höher als zuvor emporschoß. Nun konnte der Prior sich nicht länger halten, er sezte sich aufrecht, holte einen langen Athemzug und sprach dann mit tiefer Stimme: —

„Scheut Ihr Euch nicht, Ihr Verworfenen, „Euch hier in einem Gott geweihten Kloster so un„anständig zu betragen? Ihr sprecht mit Kindern „Gottes! Ihr hört nicht die Stimme Jesus, Ihr „verachtet und lästert sie. Entfernt Euch aus die„sem heiligen Gebäude, damit nicht Eurentwegen „das Dach auf uns alle stürze; entfernt Euch, Ihr, „den Gott haßt, geht Ihr zu ewigen Qualen, Ver„dammter!“

Hiesel (der aufspringt, seine Flinte ergreift, den Prior erschiessen will, sich aber bald eines bessern besinnt). Ihr scheltet mich einen Verdammten, einen Räuber! Ein Räuber bin ich, Ihr mit Eurem kurzsichtigen Verstande verdammt mich, aber daß Gott mich einst freisprechen wird, davon bin ich festiglich überzeugt. Ihr seid ein Geistlicher, dankt es Eurem Gewande, daß Euer Gehirn nicht jezt an jener Wand fließt, wenn Ihr ja Gehirn habt. — Haltet Ihr mich für einen gemeinen Dieb und Räuber, so irrt Ihr sehr; glaubt Ihr, daß ich zusammenfahre, wenn Ihr den Fluch der ewigen Verdammniß über mich aussprecht? Ich werde nich schon einst zu vertheidigen wissen. Ihr seht mich mit mitleidiger Verachtung an, und doch will ich zwanzigmal gehangen werden, wenn ich mich nicht für zehnmal besser halte, als ihr alle seid. Ihr stehlt dem lieben Gott die Tage und den Menschen das Brod, ihr seid unnüz, man würde euer Dasein gar nicht bemerken, wenn euer Zwek nicht wäre, das Glük ganzer Familien zu zertrümmern; — ich bin besser, als ihr alle! — Ich bin der Schüzer des Landmanns; euer Ohr hört freilich die Klagen nicht, wenn der Bauer aufsteht, die Sense nimmt, sein Korn zu mähen, und ein zertretenes Stoppelfeld findet, wo er gestern noch den Reichthum ihm entgegenblühen sah; ihr hört es nicht, wie er dann den Fürsten oder Freiherrn verwünscht, der, um sich die Zeit auf einige Stunden zu vertreiben, ihn unglüklich macht; ich bin da, diesen Schaden wieder gut zu machen! Das Wild ist frei, frei wie die Luft, es gehört Niemand, ich habe dieselben Ansprüche darauf, die der Fürst macht, ich leere die Wälder von den Thieren, die die Aeker verwüsten, wo ich hingehe, geht mir die Fruchtbarkeit nach, der Landmann lächelt mir entgegen, ich bin nüzlich, ja unentbehrlich! — Ich handle nicht so aus Unlust zur Arbeit, nicht um Gewinn davon zu haben, denn welchen Nuzen habe ich von meiner Lebensart? — Ich bin unstät und flüchtig, tausend Gefahren umzingeln mich, mein trokenes Brod muß ich in den Wäldern essen mit der geladenen Büchse in der Hand; ich kann nicht schlafen, ohne von dem Rasseln jedes dürren Blattes aufgeschrekt zu werden; — aber dies alles vergütet das hohe Gefühl meines Werths, der Stolz, der mich über tausend andre Menschen erhebt, der Gedanke, daß ohne mich eine große Lüke sein würde, daß tausend Menschen meinen Verlust bedauern, ja beklagen würden. Ich opfre mich selbst dem allgemeinen Besten auf. — Wer sich mir aber in meinem großen Geschäft widersezt, der wird mit Recht bestraft, schon viele wurden es und auch dir soll dein Recht widerfahren! — Sogleich komm aus dem Kloster! Auf! Mit mir ins Wirthshaus hin! — Dort soll dir dein Urtheil gesprochen werden! — Dort sollst du den Lohn empfangen für all die Streiche, die du uns gespielt hast und auch noch hast spielen wollen.

Mit diesen Worten ergriff er den Amtmann, der sich trostlos umsahe, ob denn Niemand da sei, der sich seiner in dieser Noth annehmen wolle, allein der Prior hatte sich hinter den Tisch zurükgezogen. Schon wollte Hiesel den Amtmann aus dem Kloster schleppen, als Xaver zwischen beide trat und noch um eine kleine Geduld bat. Er hatte jezt Hieseln genauer kennen lernen, er sah jezt ein, daß er kein gemeiner Mensch sei, auf den geistliche Bannflüche Eindruk machen könnten, er versuchte jezt eine andre Art der Behandlung, und versprach sich, den Amtmann retten zu können.

„Nicht wahr, fieng er an, Sie wollen den Amtmann jezt bestrafen? Sie wollen ihm sein Verbrechen durch den Tod büssen lassen?“

Hiesel. Ja!

Xaver. Ich finde dies nach Ihren Grundsäzen nicht unbillig, Sie machen sich dadurch in der hiesigen Gegend gefürchtet, und keiner wird es hier wagen, etwas gegen Sie zu unternehmen. Tausende in Ihrer Lage würden eben so handeln, wie Sie jezt handeln wollen; allein ich habe Sie bewundert, Sie sind ein großer Mann; ein großer Mann muß nicht handeln, wie Tausende an seiner Stelle handeln würden, an jeder seiner Thaten muß das Siegel des großen Geistes stehn. Das Leben des Amtmanns steht in ihrer Hand, ein Wink, und er liegt todt zu Ihren Füssen, aber eben weil sein Leben am Winke Ihrer Augen hängt, so schenken Sie ihm dies Leben. Denken Sie den grossen Gedanken, daß dieser Mensch, der sich im Augenblik noch so hoch über Sie erhaben dünkte, Sie jezt wie seinen Schöpfer verehren muß, denn Sie schenkten ihm ja alles, sie schenkten ihm wie Gott sein Leben, er wird dies, so lange er lebt, als ein beständiges Andenken von Ihnen tragen, das ihn zwingt, wenn er noch einen Funken von Ehrgefühl besizt, Sie täglich zu loben, Sie als seinen Erretter zu preisen. Wenn man diese That von Ihnen hört, und Tausende dann sagen: das ist brav, das ist groß! So hätte ich nicht gehandelt! Würd das alles Sie nicht genug belohnen? — —

Xaver hatte nun wirklich die schwache Seite Hiesels ausgefunden, er hatte ihn bei seinem Stolz gefaßt; seine Rede that die gewünschte Wirkung. Er nahm Xaver bei der Hand und sagte: „Nun gut! Es mag sein! Ich will einmal gegen die Klugheit handeln. Er mag leben!"

Der Bube wollte eben einen Einspruch thun, aber da er bedachte, daß es vergebens sein würde, etwas dagegen einzuwenden, da Hiesel jedesmal sein gegebnes Wort unverbrüchlich hielt, so sah er sich genöthigt zu schweigen.

Der Amtmann, ausser sich vor Freuden, sprang auf und drükte Hieseln vielmal die Hand, und fragte mit freundschaftlicher Aengstlichkeit: ob er denn nun gar nichts mehr zu besorgen hätte?

„Nicht das Geringste!" sagte Hiesel und schikte seinen Buben hinunter, der seinen Leuten anbefehlen mußte, sich wieder in ihr Quartier zurükzuziehn. „Doch bist du nur unter einer Bedingung frei," fuhr Hiesel gegen den Amtmann fort, „daß ihr mich auf keine Art weiter verfolgt; wenn „einer von euch, du oder der Baron, nur das Geringste gegen mich unternehmt, so werde ich euch „schon zu finden wissen, und dann werde ich nicht

„so weibisch mitleidig wie heute sein, sondern ein „paar Kugeln werden sich dann den Durchmarsch „durch eure Köpfe ausbitten! Dein Pferd — ja „so! zur Vergeltung für meinen Gang und zur „Auslösung für dein Pferd, dächte ich, wären „zwanzig Thaler eben nicht zu viel.“

Der Amtmann verstand diesen Wink; er gab ohne Weigerung das Geld und fragte dann mit Besorgniß: „sind wir nun völlig ausgesöhnt?“ Da Hiesel dies durch einen Handschlag bejahte, so war nun zur größten Zufriedenheit des Amtmanns der Friede völlig geschlossen.

Nun ließ Hiesel sich und seinem Buben noch einige Gläser Wein einschenken, sprach noch einige Zeit vertraulich mit dem Amtmann und begab sich dann mit seinen beiden Begleitern in das Wirthshaus zurük.

Von hier ließ er dem Amtmann das Pferd nach dem Kloster führen, welches aber dieser anfangs gar nicht für das Seinige anerkennen wollte: denn die Wildschüzen, die so unverrichteter Sache vom Kloster wieder hatten abziehn müssen, hatten in Hiesels Abwesenheit ihren ganzen Muthwillen an diesem armen Thiere ausgelassen; doch war der Amtmann ausserordentlich froh, denn er hatte sein kostbares Leben davon getragen, der Prior war froh, denn er war die ungebetenen Gäste wieder los aus dem Kloster, Xaver war froh, denn er war stolz darauf, daß seine Beredsamkeit so viel hatte wirken können, Anton, Augustin und alle übrigen Mönche waren froh, denn sie waren ihrer Angst jezt los und ledig; Hiesel war froh, denn seinem Stolze war heut viel Ehre wiederfahren, selbst der Hund war froh, denn er hatte heut auf Kosten des Klosters eine herrliche Mahlzeit gethan.

So endigte sich diese Geschichte, von der es schien, daß sie einen so tragischen Ausgang nehmen würde, zum Vergnügen aller.

Die einzige Person, die nicht vergnügt war, war — des Amtmanns Pferd, denn dieses arme Thier gieng noch lange mit gesenkten Ohren und lahmen Hinterfusse einher. Doch wurde es nach und nach munterer, je weiter es sich von Hieseln und seinem Wirthshause entfernte.

Der Bube und die übrigen Wildschüzen waren zwar etwas mißvergnügt, daß sie ihre Rachsucht nicht hatten befriedigen können; allein alle Verdrüßlichkeit ward aus den offenstehenden Fenstern geworfen, als man erst aufs freundschaftlichste die große Krüge umarmte, und einen Kuß nach dem andern auf ihre Lippen drükte.

Siebzehntes Kapitel.

Hiesel und seine Genossen schlagen sich mit einem Bauer herum. — Ortliebs Tapferkeit, — des Hundes Sieg. — Ortliebs Scheintod.

Hiesel hielt sich noch einige Zeit in der Gegend des Klosters Medlingen auf und jagte vor wie nach im Forste des Baron Rackeniz. Dieser wagte jezt nicht mehr etwas gegen Hieseln zu unternehmen, denn er fürchtete, er könne eben das Schiksal haben, welchem der Amtmann nur mit genauer Noth entronnen war.

Hiesel war nun vor allen Verfolgungen gesichert, nur hörte er von einem seiner Spione, daß ein Bauer im Dorfe Hannsheim, Johann Ortlieb, sich habe verlauten lassen: wenn er allein mit Hieseln zu thun hätte, so wollte er es schon wagen, es mit ihm aufzunehmen. Hiesel hatte diese Aeusserung äusserst übel aufgenommen, und beschlossen, sich an diesem Bauer zu rächen.

Eine Gelegenheit dazu zeigte sich sehr bald, denn als gegen das Ende dieses Jahrs Hiesel sich mit zwölf seiner Gefährten, dem Buben und seinem Hunde in dem Wirthshause aufhielt, hörte er, es sei eine Menge Bauern angekommen, die sich in der obern Stube des Wirthshauses Bier hätten geben lassen, daß unter diesen sich auch der Ortlieb mit seinen beiden Schwägern befän=

de. Hiesel gieng mit acht seiner Gefährten, dem Buben und seinem Hunde sogleich in die obere Stube; die Bauern wunderten sich mächtig, da sie ihn mit einem so großen Gefolge eintreten sahen und dem Ortlieb fieng an das Herz zu schlagen, da er sich seiner Großsprecherei erinnerte.

Hiesel (der sogleich an den Tisch tritt). Grüß Euch Gott, Kameraden! — Du, Ortlieb, hast du nicht gehört, ob der Rackeniz noch die Wildschüzen einfangen will?

Ortlieb. Ich weiß von nichts.

Hiesel. Ich denke, es wird ihm nun Leid geworden sein.

Ortlieb. Ja, ich denk's auch, Ihr habt den Herrn Amtmann damals schön geängstigt.

Hiesel. Ist es aber nicht erschreklich; kaum habe ich ein Exempel statuirt, so ist schon wieder ein andrer, der mich verfolgt und den ich bestrafen muß.

Ortlieb (dem schon sehr heiß wird). Wie meint Ihr das?

Hiesel. Einem Baron kann man es noch verzeihen, wenn er die Gedanken hat, mich aufzuheben, aber da soll es schon wieder einen einfältigen Bauer in Haunsheim geben, der mit eben diesen Gedanken schwanger geht.

Ortlieb. In Haunsheim!

Hiesel. Ja! ja! — Ein Narr, der kaum

fünfe

fünfe zählen kann, der froh sein sollte, daß man ihn sein bischen Leben in Ruhe geniessen läßt. — Kennst du ihn nicht?

Ortlieb, dem es immer ist, als würde er abwechselnd aus kaltem Wasser in siedendheisses geworfen, würgt ein „Nein" aus der Kehle und nimmt den Krug zum Trinken an den Mund, um vor seinen Freunden sein glühendrothes Gesicht zu verbergen.

Hiesel. Du weißt also nicht, wer es ist?

Ortlieb — schwieg.

Hiesel. (schlägt ihm auf die Schulter). Du bist es selber, Schurke! Nicht wahr?

Ortlieb — schwieg, und ließ den Krug vor Schreken fallen, daß er in Stüken sprang.

Hiesel, der wohl wußte, daß Stillschweigen unter diesen Umständen so gut, als eine Antwort sei, machte sich zur Bestrafung fertig.

Der Gärtner (einer von Hiesels Begleitern, tritt zu Hieseln). Nu, sollen wir ihn anpaken?

Hiesel. Meinetwegen! Pakt ihn an, den Hund!

Dies war das Signal, auf welches Hiesels Gefährten schon lange gewartet hatten. Fünf von den Wildschüzen sprangen sogleich auf den Bauer zu und zerhieben ihn mit ihren Hirschfängern. Der Bube und drei andre nahmen ihren Befehlshaber in die Mitte, hielten die geladenen Flinten vor, um ihn sogleich bei der kleinsten feindseligen Bewegung auf das kräftigste zu beschüzen, der Hund lag zu Hiesels Füssen. Die übrigen Wildschüzen zeigten sich indeß sehr geschäftig, den Bauer zu mißhandeln. Dieser aber zeigte sich in diesem Gefechte ausserordentlich tapfer, schon dreimal war er von seinen Feinden niedergeworfen worden, und dreimal hatte er sich wieder unter ihnen emporgearbeitet, jedesmal vertheidigte er sich wieder mit erneuerten Kräften. Hiesel bewunderte die Geschiklichkeit und Stärke seines Feindes, und sahe jezt ein, wie gefählich ihm dieser hätte werden können, wenn er einst von ihm allein angetroffen wäre. Er sahe, wie alle fünf Wildschüzen nicht vermochten, den Bauer zum viertenmal niederzuwerfen; er rief daher diesem zu: „Wart Kerl! weil du dich so gut vertheidigen kannst, so will ich meinen Hund eins mit dir machen lassen!“

In diesem Augenblik öffnete ein Windstoß die Stubenthür, die nur angelehnt gewesen war. Der Bauer bediente sich dieses Ungefährs zu seinem Vortheile mit der größten Geschiklichkeit, den er warf mit vieler Gewalt zwei von den Wildschüzen vor sich her aus der offenen Thür und wollte sich eben durch die Flucht retten, als der angehezte Fanghund ihn bei einem Ohre pakte und ihn sogleich zu Boden riß. Hiesel war nun hinzugekommen und zerschlug ihm mit seinem großen silbernen Ringe, den er am Finger trug, das Gesicht. Die übrigen hieben mit den Hirschfängern auf ihn zu, und einige sprangen ihm auf dem Leibe herum. Dann warfen sie den halbtodten Bauer von der Treppe hinunter, verfolgten ihn und mißhandelten ihn unten von neuem.

Es ist zu bewundern, daß unter diesen Umständen der Bauer noch so viel Gegenwart des Geistes und so viel Kraft übrig behalten hatte, daß er füglich aufspringen, die Wildschüzen zurükstossen und in die nächste Scheune fliehen konnte.

Doch auch hier ward er von fünf Wildschüzen verfolgt, die so lange auf ihn zuhieben, bis er todt niedersank, und kein Zeichen des Lebens mehr von sich gab. Nun fieng man an sich zurükzuziehn; doch einer der Wildschüzen rief den übrigen zu: „Wartet doch ein wenig, ich will noch einmal zurüksehn, ob der Hund noch lebt, ich muß ihm noch eins versezen.“ Der andre aber, der nun dieses grausamen Spielwerks überdrüssig war, antwortete ihm: „Laß den Hund liegen, er ist schon längst todt!“ Hierauf giengen die übrigen weiter. Der Bube blieb noch lange Zeit mit angeschlagenem Gewehr vor dem Verwundeten stehn, im Begriff, ihn in demselben Augenblik zu erschiessen, wo er nur das mindeste Zeichen des Lebens von sich geben würde. Der Bauer spielte aber die Rolle eines Todten so natürlich, daß ihn der Bube wirklich für einen Leichnam hielt, ihn liegen ließ und davon gieng.

Der Bauer, sobald er sich allein sahe, erhob sich sogleich, schlich sich so schnell, als es ihm seine Kräfte nur erlaubten, in das nächste Bauernhaus, wo man ihn verkleidete und nach seinem Hause schaffte.

Achtzehntes Kapitel.

Hiesel im Dorfe Elchingen. — Würfelspieler. — Ueberfall. — Geistesgegenwart. — Heftige Schlacht. — Sieg. — Der Hund geht durch.

Hiesel kannte die Menschen zu gut, als daß er hätte glauben können, er wäre nach dieser That noch in diesen Gegenden gesichert. Er sahe ein, daß durch diese That die Frau des (wie er glaubte) von ihm Ermordeten, alle ihre Freunde zur Rache anreizen würde, diese Freunde hätten wieder andre Freunde, die mit größter Bereitwilligkeit in ihren Bund treten würden, und auf die Art könne er früh oder spät seinen Feinden in die Hände gespielt werden.

Er zog sich also gegen das Ende des Jahrs 1770 aus diesen Gegenden nach den obern Gegenden von Schwaben. Er gieng hier durch das Dorf Elchingen und sah vor dem Wohnhause des Schusters ein Schild hängen, mit der sonderbaren Un:

terschrift: Hier werden aus alten Schuhen neue gemacht. Kaum war daher Hiesel in dem hiesigen Wirthshause, „zur Krone," angekommen, als er sogleich seine Schuh auszog und sie zu diesem neuen Wunderthäter schikte, um an ihnen sein Meisterstük zu beweisen; denn sie konnten in Ansehung des Alters einige Jahre zählen und suchten in der Lumpigkeit wirklich ihres Gleichen, fanden es aber auch wider ihre Vermuthung, in der Wohnung des Schusters, wo eine Menge Schuhe umherhiengen, die auf eben so viele Ehrfurcht, als sie, ihres Alters wegen Anspruch machen konnten.

Hiesel sezte sich an den Ofen und zog seinen Rok aus, der etwas vom Regen durchnäßt war, die Wildschüzen liessen sich Bier bringen und hiengen dann ihre Flinten an den Ofenstangen herum; Hiesel aber legte seine geladene Büchse vor sich hin. Nun fieng er an mit seinen Gefährten Würfel zu spielen.

Hiesel dachte sich hier nur bis zum andern Morgen aufzuhalten, und gebrauchte daher diesmal weniger Vorsicht, als sonst, er hatte daher heute keine Spione ausgestellt, die das Terrain sondiren sollten. Daher wußte er kein Wort davon, daß ein Kommando der Reichsstadt Ulm, gleich anfangs, da er diese Gegenden betreten habe, gegen ihn sei ausgeschikt worden. Dies Kommando hatte erfahren, daß Hiesel sich in Elchingen aufhalte und näherte sich diesem Dorfe mit starken Schritten, als Hiesel noch immer mit seinen Gefährten mit der grössten Unbefangenheit und Sorglosigkeit spielte. Auch im Würfelspiel, so wie in allen übrigen Sachen, war er glüklich; er hatte seinen Gefährten schon einiges Geld abgewonnen, als glözlich einige Schüsse gehört wurden. Hiesel fuhr auf, und rief: „Was ist das? der Feind kömmt!“

Kaum hatte er dies gesagt, als einer von den Soldaten mit vorgehaltenem Bajonet und gespanntem Hahn in die Schenke stürzte, und den Wildschüzen: „gebt euch gefangen!“ zurief.

Das Kommando war nur drei Schritt entfernt, ein Soldat schon in der Stube, alle Gewehre ungeladen und nicht einmal in den Händen der Wildschüzen; — Was konnte sie in dieser Lage retten? Bloß Gegenwart des Geistes, — und durch diese rettete Hisel sich und seine Gefährten wirklich.

Er strich mit der größten Kaltblütigkeit sein gewonnenes Geld zusammen und schob es in die Tasche. Dann ergriff er seine Büchse und erschoß zugleich einen Musketier, der vor der halbgeöffneten Thür stand, todt stürzte dieser sogleich zu Boden. Dieser Angriff ward durch einige Flintenschüsse von aussen, in die Stube hinein, beantwortet. Alle übrigen Gäste, die gern neutral bleiben wollten, und weder zu den Soldaten, noch zu den

Wildschüzen gehörten, krochen sogleich unter die dastehenden Tische.

Hiesel rief seinen Leuten in demselben Augenblik zu: „Alle Lichter ausgelöscht! die Gewehre „geladen! schießt alle diese soldatischen Hunde zu„sammen!“

Alle Lichter wurden sogleich ausgelöscht, auf diese Art konnten die Feinde nicht durch die Fenster in die Stube hineinschiessen. Hierauf wurden die Gewehre geladen und vor Hieseln auf den Tisch gelegt, dieser schoß sogleich einige ab, und verhinderte auf die Art, daß Niemand in die offenstehende Thür hineindringen konnte; die übrigen Wildschüzen luden indeß immer wieder von neuem und legten sie zum Abschiessen vor Hieseln hin.

Der Wind hatte indeß die Thür zugeworfen. Eben wollten die Feinde mit aller Gewalt die Thür aufreissen und hineindringen, als alle Wildschüzen durch die verschloßne Thür hindurchschossen, und der Feldwebel Kazenwadel zur Seite des kommandirenden Lieutenants todt niederfiel. Hiesel lobte diese That und feuerte seine Gefährten an, muthig zu sein. Einer von den Wildschüzen gieng nun zur Thür, hielt sie so lange mit Gewalt zu, bis seine Kameraden geladen hatten, dann riß er sie plözlich auf; und als die Feinde sich dieser Gelegenheit bedienen wollten, und in großen Haufen hereindrangen, begegneten diesen so wohltreffende

Kugeln, daß fünf sogleich tödtlich verwundet zu Boden stürzten.

Nun hezte Hiesel seinen Hund auf die Feinde, dieser sprang auf, fiel einen von den Soldaten an, und riß ihn beim Kinnbaken nieder; plözlich aber ward dieser Freund Hiesels von einer fürchterlichen Raserei ergriffen, er wandte sich wüthend um, fiel mit einem Grimm, den man noch bis jezt nie an ihm bemerkt hatte, einen Wildschüzen an, riß ihn mit der größten Schnelligkeit zu Boden und versezte ihm eine gefährliche Wunde.

Die Wildschüzen schossen indeß unermüdet auf ihre Feinde; einige Zeit geschah dies auch von den kommandirten Soldaten, da aber der Lieutenant sahe, daß er schon einige Mann verlohren hatte, auch die Wildschüzen zu vortheilhaft postirt waren, so zog er sich zurük, ließ aber auf dem Rükzuge noch immer auf Hieseln und seine Leute Feuer geben.

Da Hiesel nun merkte, daß das ganze Haus von Feinden gereinigt sei, zog er sich mit seinen Gefährten in das obere Stokwerk; er ließ hier alle Winkel genau durchsuchen, und stellte dann allenthalben Wachen aus. Er schoß hierauf aus dem Fenster auf das Kommando, welches sich immer weiter zurükzog; der Bube stellte sich mitten auf den Tisch und schikte so seine Kugeln den Soldaten mit der größten Verwegenheit nach.

Hiesel rief nun den Peter zu sich, dies war einer seiner getreusten Gefährten, den er zugleich immer mit unter die Tollkühnsten zählte. Diesem trug er auf, sich aus der Hinterthür zu begeben und zu sehn, ob nicht noch irgend wo auf dem Felde sich feindliche Soldaten aufhielten. Dieser befolgte die Befehle seines Oberhaupts auf das genaueste; allein kaum war er aus der Thür getreten, als ihm sogleich ein großer Regen von Kugeln entgegenkam, denn ein Theil des feindlichen Kommandos hatte sich hieher gezogen; da aber Hiesel aus den Fenstern unermüdet auf sie schoß, so nahmen auch diese bald die Flucht und ließen Hieseln als völligen Sieger auf dem Schlachtfelde zurük. Die Soldaten begaben sich von Elchingen in das nächstgelegene Dorf.

Der Wirth, der, sobald der Angriff auf sein Haus geschehen war, sich aus dem Staube gemacht hatte, kam nun zurük; diesem gab Hiesel sogleich den Auftrag, allenthalben nachzuforschen, ob noch irgendwo einer von den Soldaten zurükgeblieben wäre. Dieser kam bald mit der Nachricht zurük, daß sich keiner mehr sehen ließe und daß sie sich völlig zurükgezogen hätten.

Nun rief Hiesel alle seine Leute von dem obern Zimmer herunter. Einer von ihnen zog dem Feldwebel, der auf dem Flur lag, die Stiefeln aus, und bemächtigte sich seines Degens und andrer Sachen, die ihm brauchbar schienen. Von hier begaben sich alle in die Gaststube, wo sie den verwundeten Soldaten fanden, der schon mit dem Tode rang. An diesem wollte der rothbärtige Schneider, der sich während des Gefechts irgendwo verstekt gehalten hatte, noch seine Herzhaftigkeit zeigen, er zog seinen Hirschfänger und wollte ihm den Kopf abhauen. Da Hiesel ihm dieses verbot, nahm er sein Gewehr und stieß damit auf den Kopf des Unglüklichen, auch von dieser Mißhandlung konnte Hiesel ihn nur durch Gewaltthätigkeiten abhalten. Hiesel fragte nun den verwundeten Soldaten, wie stark das Kommando gewesen sei; dieser beantwortete diese Frage und bat, sich zu erquiken, um einen Trunk Bier. Hiesel nahm sogleich seinen Krug, reichte ihm diesen, und erkundigte sich, nachdem er getrunken hatte, sehr freundlich nach seinem Befinden.

Die Bauern, die nun hörten, daß alles wieder ruhig sei, schlichen sich nach und nach unter dem Tische hervor, sezten sich an ihre vorige Stelle und tranken ihr Bier aus, als wenn nichts vorgefallen wäre. Hiesel hatte indeß einige Kugeln gefunden, diese zeigte er nun öffentlich und behauptete, er wäre unüberwindbar, er könne sich fest machen, er hätte diese Kugeln mit der Hand aus der Luft gegriffen. So sehr diese Lüge auch aus der Luft gegriffen war, so ward sie nicht nur von den Bauern, die ihm mit offnem Munde zuhörten, sondern selbst von seinen eignen Leuten geglaubt. Wozu auch das vieles beitrug, daß man wußte, Hiesel sei bis jezt, so lange er nehmlich eine Bande habe, nie verwundet worden. Hiesel sah diesen Aberglauben seiner Leute, der ihm nicht nur unschädlich, sondern sogar nüzlich war, sehr gern, denn sie unternahmen nun alles noch weit zuversichtlicher, da sie ihn kugelfest glaubten.

Jezt befahl Hiesel dem Wirth, ihm ein Pferd zu satteln, um auf diesem den Wildschüzen, der von dem tollen Hunde verwundet war, wegzubringen. Nun erst vermißte Hiesel seinen treuen Freund in Freude und Leid, seinen Beschüzer, den Rächer so manches Unrechts, den vielbelobten, oftерprobten und stets treu gefundenen Fanghund. Hiesel rief ihn, suchte ihn, der Wirth suchte ihn, der Bube suchte ihn, alles was Beine und Verstand genug hatte, einen Hund von einem andern vierbeinigten Geschöpf zu unterscheiden, suchte ihn: aber wer nicht gefunden ward, war unser Fanghund. Das Sprichwort: suchet, so werdet ihr finden! ward hier schaamroth. Hiesel fluchte; da er aber sahe, daß der Hund hierauf nicht zurükkam, hörte er auf zu fluchen, fieng aber an zu weinen; denn er hatte diesen Hund wirklich als einen Freund geliebt, er sah sich von diesem verlassen, den er immer vor sich zu sehn gewohnt war, der jeden Bissen mit ihm theilte, der so freundlich wedelte, wenn er ihn streichelte, kurz — der gute liebe Pakan war auf immer dahin. Hiesel konnte, so sehr er sich auch vor allen seinen Begleitern schämte, die Thränen nicht zurükhalten, so oft ihm auch sein Bube den tiefgedachten philosophischen gewöhnlichen Trostgrund zu Gemüthe führte: geschehene Dinge sind nicht zu ändern! Er weinte, denn er fühlte zu tief, was er verlohren hatte, er sah diesen Verlust gleichsam als die schwarze Vorbedeutung seines Unglüks an, da ihn sein aufrichtigster Freund, der ohne allen Eigennuz sein Freund war, verlasse, und ihn dadurch gewissermaßen dem Verderben in die Hände zu geben schien.

Der Hund entfernte sich, und dazu mußte er wohl seine guten Gründe haben. — Er war toll! werden die Leute sagen, die alles für unvernünftig ausschreien, was sie nicht einsehen können. — Er gieng zu seinem ersten Herrn, zum Müller zurük! hör' ich die Liebhaber des Wunderbaren sagen, deren innigster Wunsch es ist, daß nichts auf dieser Welt natürlich zugehn möchte. — Ich suspendire hierüber mein Urtheil, denn als ein wahrheitsliebender Geschichtschreiber, der die Biographie Hiesels und seiner Freunde schreibt, müßte meine Meinung die wahre sein, und dazu fehlen mir authentische Beweise, die man nicht anders hätte erhalten können, als durch die eigne Hand des Hundes. Viel=

leicht wird noch einst sein Grab entdekt, in welches er sich wahrscheinlich als Eremit zurükzog, und dort alle die Sünden, die er begangen hatte, abzubüssen, und vielleicht hat er dort, wie sein Namens- und wirklicher Vetter, der große, bekannte, berühmte Diogenes seine Geschichte und die Ursach seines Entschlusses an die Wände seiner Wohnung aufgeschrieben.

Dem sei, wie ihm wolle, genug Hiesel war äusserst über die Abdankung und das Davonreisen seines Hundes in incognito betrübt. Er war noch lange Zeit traurig und kein munterer Scherz seiner Gefährten konnte seine düstre Laune zu einer lachenden umwandeln; bei jedem Hunde, der ihm begegnete, dachte er an seinen verlohren gegangenen Gefährten, bei jedem fernen Bellen glaubte er schon den Deserteur zurükkehren zu sehn, aber seine aufleuchtende Freude verlosch eben so bald wieder in dunkle Finsterniß der Traurigkeit, wenn er seinen Irrthum bemerkte.

Doch der Hund ist fortgelaufen und so wollen wir ihn denn auch laufen lassen und zur Geschichte unsers Helden zurükkehren.

Neunzehntes Kapitel.

Rache im Ulmergebiet an dem Jäger zu Holzschwang. — Er wird ausgeplündert. — Hiesel geht über die Donau. — Raub in Gessertshausen.

Hiesel beschloß nun, sich mit seinem Heere jenseit der Donau zu begeben, vorher aber noch im Ulmergebiet ein Beispiel seiner Grausamkeit zurükzulassen, um die Ulmer dafür zu strafen, daß sie ein Kommando gegen ihn geschikt hätten.

Der Jäger zu Holzschwang saß Mittags am 30sten Dezember 1770 und las die Zeitungen. „Wunderbar! sagte er bei sich, ein Preis ist hier „von neuem auf den Kopf dieses Hiesels gesezt, „daß er nicht von einem seiner eignen Leute verrathen wird, daß er in keine von all' den Schlingen geht, die ihm oft so fein gelegt werden. — „Schon wieder ein Amtsknecht durch ihn umgekommen! — Die Jäger scheint er jezt in Ruhe „zu lassen, wahrhaftig, ich wüßte nicht, was ich „anfangen sollte, wenn es ihm einmal einfiele, „hieher zu kommen!

So knüpfte sich eine Idee an die andre, als der Jäger über die beschneite Wiese eine Menge Menschen auf sein Haus zukommen sahe, die er nach seinen eben gehabten Ideen für die Gefährten Hiesels ansahe. Seine Furcht betrog ihn diesmal nicht, sie waren es wirklich, denn sie hatten beschlossen, in dem Hause dieses Jägers ein Beispiel ihrer Rachsucht zurükzulassen. Alle stürzten auf das Haus des Jägers, sieben von ihnen rannten sogleich mit geladenen Gewehren in die Stube hinein und alle schrien aus einem Munde, so laut sie nur immer konnten: „Du mußt sterben! du Ulmischer Hund! deine Herren haben heute ein Kommando von hundert und fünfzig Mann gegen uns abgeschikt!“

Der Jäger erschrak, suchte sich aber doch gleich wieder zu fassen: „Kameraden, was giebts? Habe ich euch jemals beleidigt?“ fragte er sie.

„Hund! du mußt sterben!“ schrien alle noch einmal.

Fünf von den Wildschüzen umringten sogleich den Jäger, um ihn sogleich, wie sie sagten, dem Tode zu überliefern. Der Jäger bat nur für das Leben seiner schwangern Frau, man möchte nur diese schonen, indeß die Wildschüzen mit den geladenen Gewehren ihm immer näher auf den Leib eindrangen, so daß er sich zulezt so eingeschlossen sahe, daß er sich weder vor- noch rükwärts bewegen konnte.

Indem der Jäger so von den fünf Wildschüzen eingeengt stand, durchsuchten die andern beide indeß die Stube und nahmen alles, was ihnen gefiel. Die Frau des Jägers stürzte indeß herein, sie sah die Gefahr ihres Mannes und rief:

„O laßt ihn nur leben!“ Worauf die Wildschüzen aber jederzeit zur Antwort gaben, der Ulmerhund müßte unfehlbar sterben. In der größten Angst lief die Frau aus der Stube, und versperrte sich in eine Kammer in dem obern Stokwerk. Die zwei Wildschüzen, die indeß die Stube aufgeräumt hatten, eilten ihr nach, und befahlen ihr, sogleich aufzumachen, mit der Drohung, sie im Weigerungsfall sogleich zu erschiessen. Zitternd machte sie die Kammerthür auf, die Wildschüzen drangen hinein und schlossen sogleich zwei Kasten auf, in denen die Schlüssel stekten, und nahmen heraus, was ihnen gefiel. Sie forderten hierauf den Schlüssel zu einer andern Kammer, welche an diese stieß, da die Jägersfrau ihn nicht sogleich finden konnte, ward die Thür von ihnen aufgesprengt; hier fanden sie aber nichts, und eben dies Unglük begegnete ihnen auch bei einer dritten Kammer, von der sie ebenfalls die Thür einrannten. Sie begaben sich nun von oben wieder in die untere Stube hinunter, wo sie wieder über den Jäger herfielen. Sie stürzten sogleich auf ihn zu und schrien: „Wo hast du Ulmischer „Hund dein Pulver, Blei und Pulverhorn? Wo „deine Büchsen? Schaff' alles her, oder du bist „sogleich des Todes!“

Hiesel trat jezt selbst unbewaffnet in die Stube, er fragte den Jäger, wie alt sein Hund sei,

dieser

dieser antworte, er wäre erst ein Vierteljahr alt und noch gar nicht zu gebrauchen.

Die beiden Wildschüzen, denen Hiesel dies Geschäft aufgetragen hatte, hatten indeß die Stube zum zweitenmale durchsucht. Hier fanden sie aber nichts mehr, was ihnen gefiel, und nun gieng einer nach dem andern aus der Thür heraus.

Hiesel war der lezte, er reichte dem Jäger zum Abschied die Hand, und sagte: deine schwangere Frau macht diesmal dein Glük.

In diesem Augenblik fiel ein Schuß; ein Gewehr eines Wildschüzen war dicht vor der Thür losgegangen; da die übrigen dies hörten, stürzten sie von neuem in die Stube herein, zogen ihre Hirschfänger und wollten mit diesen auf den Jäger eindringen, unter dem beständigen Geschrei: „Wie kannst du dich unterstehen zu schiessen?

Jäger. Lieben Kameraden, sagt mir doch, womit ich schiessen soll? Ihr habt mir ja selbst alle meine Flinten und Büchsen genommen.

Hiesel. Geht nur, geht! Er hat nicht geschossen!

Hiesel verließ nun selbst das Zimmer und seine Gefährten folgten ihm. Der rothbärtige Schneider war der lezte; als dieser aus der Thür gieng, schlug sie der Jäger stark hinter ihm zu. Dies verdroß den Schneider so sehr, daß er mit dem Hirschfänger noch einmal nach dem Jäger hieb, ihn aber glüklicherweise verfehlte.

Als sie sich nun alle vor dem Hause befanden, warf Peter (dessen eben in der Schlacht bei Elchingen gedacht ist) durch das Fenster dem Jäger eine Muskete zu, die er dem Unteroffizier Kazenwadel damals abgenommen hatte, indem er hinzufügte: „Du bist ja ein Jäger, du mußt doch also auch „ein Gewehr zum Schiessen haben, die Hasen „könnten dich ja sonst in deinem eignen Hause „bestürmen.“

Der Jäger hatte zwar einen Schaden von 150 Gulden erlitten, allein er war im Ganzen noch froh, daß er auf diese Art davon gekommen sei, denn er konnte sich wirklich rühmen, daß er der erste Jäger sei, der Hieseln in die Hände fiel und nicht gemißhandelt ward.

Hiesel ließ sich nun mit seinem ganzen Heere über die Donau sezen.

Am 6ten Januar 1771 kam Hiesel mit seinem Gefolge zu Gessertshausen an. Der hiesige Jäger war Hieseln ausserordentlich verhaßt, denn er hatte sich alle mögliche Mühe gegeben, Hieseln und seiner Schaar so vielen Schaden als möglich zu thun; er hatte immer genau ihre Unternehmungen beobachtet und mehrere ihrer Plane, so viel es ihm möglich war, vernichtet. Diesem hatte Hiesel Strafe zugeschworen, er wollte ihn seines Vorwizes wegen eben so behandeln, wie er schon so manchen andern behandelt hatte.

Sogleich bestimmte er seinen Leuten die Pläze, auf denen sie sich vertheilen sollten. Er selbst besezte mit geladenem Gewehr die Hausthür des Jägers, welche zwei andre indeß aufsprengten; zu seinem Glük war der Jäger eben nicht zu Hause, auch die Frau war nicht zu Hause, denn sie befanden sich indeß in der Kirche. Hiesels Zorn ward hierdurch noch vermehrt, er konnte seine Wuth an Niemand auslassen, folglich mußte das Haus seinen Grimm empfinden. Alles, was nur der Schwäche der Zerbrechlichkeit unterworfen war, ward zerschmissen und zerhauen. Sie nahmen Geld, Kleider und alles, was ihnen gefiel, mit der größten Raubbegier, so daß der Gewinn der Wildschüzen und der Verlust des Jägers über fünfhundert Gulden betrug. Man durchlief alle Zimmer des Hauses und gab sich alle Mühe, alles so viel als möglich zu zerstören, und das Haus zu einem völligen Schauplaz der Verwüstung zu machen. Als sie sich lange auf diese Art beschäftigt hatten, pfiff Hiesel, und dies war das Zeichen, sich vor dem Hause zu versammeln.

Alle Wildschüzen giengen nun aus dem Hause, und in diesem Augenblik kam zugleich die Jägerin aus der Kirche. Sie sah die Zerstörung, die Hiesel mit seinen Leuten angerichtet hatte, und konnte gar nicht begreifen, wie Gott dies alles habe in derselben Zeit zugeben können, da sie in seinem Dienst begriffen gewesen sei. Bald hob sie die Hände zum Himmel, bald zu Hieseln auf und bat um Schonung und Erbarmen. Hiesel war diesmal wirklich so boshaft, den Schein des Mitleids anzunehmen, er entschuldigte sich damit, er könne der Raubbegier seiner Leute nicht Einhalt thun, alles dies müsse er wider seinen Willen geschehen lassen. Zugleich befahl er seinen Leuten zum Schein, das Geraubte wieder hinzulegen, diese thaten es auch, nahmen es aber auf einen Seitenwink Hiesels sogleich wieder auf. Nachdem er dies Spiel einige Zeit getrieben hatte, nahm er die Hand der Försterin und sagte zu ihr mit einer verstellten andächtigen Mine:

„Liebe Frau, ihr habt heute von meinen Leu„ten einigen Schaden gelitten, das gesteh' ich, „doch ist er wirklich nicht so sehr groß, als ihr „vielleicht glaubt. Ihr könnt ihn leichter ersezen, „als ihr es jezt denkt, und zwar will ich euch „auch die Mittel dazu sagen, nehmlich durch Mä„ßigkeit und christliche Demuth. Durch Mäßig„keit, indem ihr nicht mehr verzehrt, als ihr nö„thig braucht, so werdet ihr bald wieder das Ver„lohrne zusammengespart haben; durch christliche „Demuth, indem ihr das Zusammengesparte nicht „auf eine unnüze Art durch zu kostbare Kleider

„verschwendet. Merkt euch das, und behaltet „meine Worte in einem feinen guten Andenken „und es wird euch sehr nüzlich sein."

Nach dieser moralischen Ermahnung nahm er mit seinen Leuten Abschied von der Försterin. Nicht weit von dem Hause theilten sie unter sich die gemachte Beute.

Zwanzigstes Kapitel.

Hiesel zu Frankenried. — Ueberfall bei dem Jäger. — Hiesel und der Prediger. — Dieser wird geprellt.

Hiesel zog nun mit seinem ganzen Heere nach Frankenried. Es war sogleich eine seiner ersten Expeditionen, wenn er in einem Dorfe ankam, sich nach dem Wirthshause zu verfügen. Dies that er auch diesesmal. Er kehrte mit seinem ganzen Gefolge sogleich in die Schenke ein. In diesem Dorfe befand sich ein Jäger, welchen Hiesel bestrafen wollte, er wählte also sogleich sechs von seinen Wildschüzen aus der Schaar; nachdem dies geschehn war, stellte er sich unter sie und hielt ihnen folgende Ermahnungsrede:

„Ihr geht sogleich von hier in die Wohnung „des Jägers, holt von da den Jäger ab, und „bringt ihn sogleich zu mir ins Wirthshaus. Wei„gert er sich mitzugehn, oder sezt er sich sogar zur

„Wehr, nun, so schießt ihn nur gleich ohne Um=„stände todt. Uebrigens verlaß ich mich darauf, „daß ihr alle Gewehre aus dem Hause mit hie=„her bringt. Nun fort! und alles recht pünktlich „ausgerichtet!“

Man kam an das Haus des Jägers. Hiesel hatte ihnen wohl gesagt, was sie thun sollten, wenn der Jäger gutwillig mitgienge, wenn er sich wehrte; aber was sie machen sollten, wenn er gar nicht da wäre, darüber hatte er Regeln zu ertheilen vergessen, und dies lezte war wirklich der Fall. Der Jäger selbst war nicht zu Hause, nur seine Tochter. Eben hatte einer die sehr kluge Idee, zurükzugehn und zu fragen, was sie nun anfangen sollten, als die übrigen noch zur rechten Zeit das Thörichte seines Vorhabens einsahen und ihn zurükhielten. Die Hieselschen Gefährten, die des Guten lieber zu viel, als zu wenig thun wollten, dehnten gleich im Anfang die Erlaubniß ihres Herrn zu weit aus; denn sie zerschlugen alle Thüren, Gläser, Fenster, Uhren und alles zerbrechliche, was sie nur vorfanden. Nachdem dieses geschehen war, sezten sie der Tochter des Jägers die geladenen Gewehre auf die Brust, und drohten sie zu erschiessen. Nachdem sie diese Tragikomödie lange genug gespielt hatten, durchsuchten sie das Haus auf das genaueste, und nahmen alle Gewehre ihrer Ordre gemäß mit sich, eben so von einem Vorrath von Kleidern diejenigen, die ihnen die besten zu sein schienen. So kehrten sie zwar ohne den Jäger, aber doch mit seinen Kleidern und Waffen in das Wirthshaus zu ihrem Befehlshaber zurük, welcher sie ihrer Pünktlichkeit wegen sehr lobte, und zur Belohnung den Raub sogleich unter seine Freunde vertheilte.

Die Tochter des Jägers indeß, die sich noch nie in einer solchen Lage befunden hatte, wußte gar nicht, was sie anfangen sollte. Endlich nach langem Hin- und Hersinnen, gieng sie zu ihrem Prediger, der in diesem Dorfe ein ausserordentlich großes Ansehen hatte. Dieser war ein kleiner Mann, aber man will bemerkt haben, daß die kleinsten Leute oft die größte Einbildung von sich haben; denn kaum hörte dieser von Hiesels Frevelthat, als er sich ordentlich freute, einmal Gelegenheit zu haben, das Herz dieses Unmenschen (wie er sich ausdrükte) in die Presse zu nehmen. „Tröste dich, mein Töchterchen, sagte er, du sollst „alle Sachen sogleich wieder zurükhaben, es wird „mir eine wahre Kleinigkeit sein, diesen Menschen „auf andre Gedanken zu bringen. Ja, ja, der „heutige Tag wird mir ein merkwürdiger Tag sein, „das ahnde ich schon. —“

Der eigentliche Plan des Pastors war, Hieseln zu bekehren, ihn dann dem weltlichen Gericht zur Strafe zu übergeben und sich dann etwa durch eine gedrukte Bekehrungsgeschichte berühmt zu machen. Er hatte viel von der Gewalt der Beredsamkeit gehört, und traute sich diese im höchsten Grade zu; er klopfte daher seine Pfeife aus, stellte sie in ihren gewöhnlichen Winkel, sezte sich gar zierlich und säuberlich die Perüke auf, zog seinen Ornat an und machte sich überhaupt zum Ausgehn fertig. — „Gieb dich nur zufrieden„ sagte er noch „einmal, ich gehe jezt directe hin zu den Bösewich„tern, sei ohne Sorge und gehe zu Hause, du „wirst bald zu deinem Erstaunen von den Wirkun„gen meiner Ueberredung hören. Wir Prediger „sind nicht umsonst! Man hat nicht vergebens „studirt!“

Der Prediger öffnete die Thür, die Tochter des Jägers gieng nach Hause. Der Prediger studirte unterwegs über die Rede, welche er diesen Bösewichtern ans Herz legen wollte und trat mit der geistlichsten Mine in die Schenkstube.

Alle Wildschüzen sahen hoch auf, da sie den kleinen Seelenhirten bei sich eintreten sahen.

Prediger. Friede sei mit uns allen. Amen!

Hiesel und seine Gefährten konnten sich des lauten Lachens nicht erwehren, da sie den Geistlichen seinen Seegenspruch mit der größten Feierlichkeit aussprechen hörten. Er stand an der Thür der Schenke, seine krummgezogne Säbelbeine standen einen guten Schritt hinter ihm selbst, die schärfste Hervorragung der ganzen Person war der fast pyramidenförmige Bauch, dessen Spize nach aussen gieng und dessen Grundfläche sich an eine etwas zurükgepreßte Brust anschloß. Auf diesem lächerlichen Körper saß ein Gesicht, welches zu denen gehörte, in welchen man vielleicht selbst nicht einmal mit dem Mikroskope einen Gesichtszug entdeken könnte. Eine einzige rund abgedrehte Scheibe, aus der wie die Fleken am Vollmond, Nase, Mund und Augen hervorragten. Die Gebehrden des Predigers zwekten alle auf Majestät ab; aber er verdrehte die Hände so gewaltsam, bildete so schöne stumpfe Winkel, die sich in einem Augenblik in die spizigsten zusammenzogen, schüttelte so komisch alle zehn Finger durch einander, stand bei seiner Rede so karrikaturmäßig vorwärts gebeugt, daß den Wildschüzen ihr Lachen sehr zu verzeihen war. Vielleicht hätten alle unsre Leser eben so laut lachen müssen, wenn sie diese Figur gesehn hätten, die mit Händen und Füssen so auf das Ehrwürdige hinarbeitete, bei jedem Zuge verunglükte und ins Niedrigkomische hinabfiel.

Der Prediger erstaunte sehr, da er sahe, wie dies Gelächter sich gleich einem Lauffeuer verbreitete, er hatte sich von seinem Eintritt eine ganz andre Wirkung versprochen; doch fuhr er bald unerschroken fort.

Prediger. Bist du der Mann, (hier wandte

er sich zu Hieseln) den man den Bayrischen Hiesel nennt.

Hiesel (dem die Person des Predigers gefiel, weil sie ihm komisch genug zur Unterhaltung vorkam, sezte sich zu ihm und antwortete:) Ja!

Prediger. Bist du im Christenthum unterrichtet worden?

Hiesel. Ja.

Prediger. Wie heißt das siebente Gebot?

Hiesel. Mische dich nicht in die Sachen anderer Leute.

Prediger. Gut, recht gut figürlich ausgedrükt. Wörtlich aber heißt es eigentlich: du sollst nicht stehlen! Aber in der That, recht gut figürlich ausgedrükt, ein schöner Euphemimus für Stehlen, sich in die Sachen anderer Leute mischen!

Hiesel. Ach was! Ich habe mich gar nicht figürlich ausdrüken wollen; sondern ich wollte dir dadurch nur zu verstehn geben, daß du dich hier nicht unnüz machen solltest, indem du dich um Dinge bekümmerst, die dich nichts angehn.

Prediger. Mich nichts angehn? Ei! ei! Man bestiehlt meine Pfarrkinder, und das sollte mich nichts angehn? Ich bin der Vater meiner Gemeine.

Hiesel. Hätt' ich nur das gleich anfangs gewußt, so hätt' ich mir von dir die Sachen ausgebeten, die ich dem Jäger habe nehmen müssen.

Prediger. Treibe keinen Spott mit mir und meinem heiligen Amte.

Hiesel. Nun, was willst du denn von mir?

Prediger. Wer hat dir die Erlaubniß gegeben, mich Du zu nennen?

Hiesel. Derselbe, der dir das Recht gab, mich so zu betiteln. — Komm, wir wollen ächte Brüderschaft trinken.

Prediger. Ich bin nicht hier, mit mir spotten zu lassen, höre daher meine Worte: Der Herr, dessen Auge allenthalben dringt, sieht auch dich, du Sohn der Hölle! du bist deinem Falle nah, du wirst vom Baum des Lebens gepflükt werden, wie eine schädliche Frucht, damit du Niemand vergiftest. Die Hölle strekt schon ihre schwarzen Arme nach dir aus, die Teufel bereiten schon jauchzend deine glühende Lagerstätte und wälzen Flammen auf Flammen, dein guter Engel drükt die Augen zu und übergiebt dich dem Verderben, der Himmel wird dir verschlossen. Darum kehre jezt um, jezt, da es noch Zeit ist, da noch der Herr seine Hand gegen dich ausstrekt, du noch durch die Wunden des Lammes mit Gott ausgesöhnt werden kannst. Verlaß den Weg des Lasters, wie Herkules ihn einst verließ und sich in die Arme der alleinseeligmachenden Kirche warf und den schönen Märtlertod im Aetna starb. Verabschiede deine Gefährten — —

Nun konnte sich Hiesel nicht mehr des Lachens enthalten, er lachte so, daß alle Fenster des Wirthshauses zitterten; der Prediger aber ließ sich dadurch in seiner Rede nicht irre machen, und fuhr in seinem Pathos fort — —

Lache nur, du Sohn der Hölle, bald wird dich Satanas auch lächelnd in seine glühenden Arme drüken. Gebt euren Raub zurük, ihr Bösewichter! Gebt ihn zurük, befehl ich euch im Namen des Herrn!

Hiesel (nun verdrüßlich). Nein! bei allen Teufeln, nein! Ich thu' es nicht! Ich will lieber ewig verdammt sein, als deine Forderung erfüllen. Alle Donner, denkst du dein ungehirntes, ungewaschnes Zeug wird mich zu irgend einer That bewegen? Denkst du, ich sei ein altes Weib, daß bei den Worten „Hölle und Opferlamm" zu weinen anfängt. Ich bin aus härterer Masse. Deine Predigt verlach' ich, deine Drohung verachte ich, du selbst bist in meinen Augen der lächerlichste Gegenstand, den es nur auf der weiten Erde giebt.

Prediger (im höchsten Eifer). Und es fällt kein Feuer vom Himmel, die Zunge dieses Verruchten zu lähmen? — Geh, Bösewicht, ich mag mit dir nicht länger sprechen, um nicht von deinem Hauche vergiftet zu werden. Die Strafe erwartet dich. Du hast dein Ohr den Worten Gottes und der Religion verstopft, du bist auf ewig verlohren.

Hiesel. Nun, Herr Prediger, ich fühle mich etwas durch ihren Sermon gerührt.

Prediger (erfreut). Wirklich? O so dank ich dem Himmel für die Gabe der kräftigen Ueberredung.

Hiesel. Meine That reut mich gewissermaßen.

Prediger. Du willst also das geraubte Gut zurükgeben?

Hiesel. Nicht so ganz, aber doch etwas davon. Bube, bring einmal die Flinten her!

Der Bube und andre legten sie alle vor ihm hin.

Hiesel. Sehn Sie, Herr Prediger, ich nehme mir diese drei Flinten, diese will ich dem Jäger zurükschiken.

Prediger. Und weiter nichts?

Hiesel. Auch nicht einen Flintenstein mehr.

Prediger. O du Bösewicht — —

Hiesel. Halten Sie ein! Auch dieses thu' ich nur unter einer Bedingung.

Prediger. Die ist?

Hiesel. Daß Sie für uns die Zeche hier im Wirthshause bezahlen, denn wir alle haben keinen Heller Geld bei uns.

Prediger. Ich eben so wenig.

Hiesel. Sie irren. Denn während Ihrer herrlichen Predigt haben Sie sich einigemal so stark auf Ihren Bauch geschlagen, daß ich das Geld in Ihrer rechten Westentasche habe tanzen hören, übrigens — (hier fieng er an seine Flinte zu laden.)

Prediger. Wie viel macht es denn?

Hiesel. Vier Thaler.

Prediger. Hier wird sein — — die Flinten — —

Hiesel. Werden sogleich zurükgeschikt. Bube! trag' mal die drei Flinten zum Jäger zurük.

Der Bube gieng.

Der Prediger gieng ebenfalls und ein schallendes Gelächter geleitete ihn.

Hiesel war diesmal mit seinem Kauf sehr zufrieden. Erstlich hatte er sich mit dem Prediger amüsirt, zweitens, war er drei elende Flinten los geworden, die weder Hahn, noch Schloß, noch Lauf mehr hatten, die die Wildschüzen nur in der Eil mitgenommen hatten, und die alle drei nicht mehr einen Thaler werth waren; drittens, war seine Zeche bezahlt und die Flinten waren ihm für vier Thaler abgekauft.

Der Bube kam zurük, und nun machten sich alle für das Geld des Predigers lustig.

Der Jäger war indeß zurükgekommen und hatte die Zerstörung seines Hauses mit Erstaunen und Schrek wahrgenommen, seine Tochter hatte ihm sogleich den ganzen Zusammenhang der Sache erzählt, und war im Grunde noch froh, daß er so wohlfeilen Kaufs davon gekommen sei. Der Bube hatte indeß die unbrauchbaren Flinten zurükgegeben und der Jäger ärgerte sich eben noch über diesen Spott Hiesels, als der Prediger mit triumphirendem Lächeln zu ihm ins Zimmer trat, er fieng sogleich an: „Nun, so habe ich doch heute in Gott wieder eine „gute That vollbracht, es ist zwar nicht ganz so „gekommen, wie ich dachte, der Bösewicht hat ein „felsenhartes Herz, aber ich habe ihn doch wenigstens zur Zurükgabe von den drei besten Flinten „erweicht; es ist doch noch nicht alle Hoffnung an „diesem Ungeheuer verlohren!“

„Der drei besten Flinten?“ fuhr ihn der Jäger an, „sehn Sie doch, sie haben ja nicht einmal mehr ein Schloß.“ — —

Der Prediger betrachtete sie und sahe nun ein, wie unnüz er seine vier Thaler weggegeben hätte.

Ein und zwanzigstes Kapitel.

Der Krug geht so lange zu Wasser bis er bricht. — Hiesel findet seinen Meister. — Lieutenant Schedel. — Ueberfall in Osterzell. — Schlacht — rasende Gegenwehr. — Niederlage. — Hiesel gefangen. — Die Gefangenen werden nach Dillingen geschleppt.

Dies war der lezte Sieg Hiesels gewesen, er gieng nun mit starken Schritten seinem Untergang entgegen. Seine Schaar ward immer grösser von Tage zu Tage, er ward immer furchtbarer, immer tollkühner, so daß man am Ende befürchtete, es möchte zulezt, wenn sich die Anzahl seiner Freunde immer noch vermehrte, fast unmöglich sein, ihren Bund zu zerstören. Man ergriff daher endlich ein Mittel, welches plözlich diesem Unwesen Garaus machen mußte. Hiesel hatte bisjezt alle Kommandos von Soldaten zurükgeschlagen; allein diese waren theils nicht zahlreich genug gewesen, theils wurden sie nicht von erfahrnen Offizieren angeführt, weil man bisjezt Hieseln und seinen Anhang immer noch für zu unbedeutend gehalten hatte. Diese beiden Fehler wurden jezt verbessert. Man beorderte ein sehr zahlreiches Kommando, und übertrug die Anführung desselben dem Premierlieutenant Schedel, einem erfahrnen Offizier. Dieser erhielt Befehl, Hieseln und die Wildschüzen so lange zu verfolgen, bis er ihrer habhaft würde, und man sollte Hieseln todt oder lebendig den Gerichten überliefern.

Diese Gewitterschwangere Wolke, die am Horizont aufstieg und nach und nach bis über Hiesels Scheitel schwebte, sahe dieser nicht; von diesem Unternehmen ward er von keinem seiner Freunde benachrichtigt, vielleicht, weil er in diesen Gegenden noch nicht viele Bekanntschaft gemacht hatte, vielleicht auch, daß die Bauern nun selbst anfiengen, seinen Untergang zu wünschen, weil er sich jezt

mehr-

mehr als Räuber, als wie ihr Beschüzer zeigte, und weil er selbst schon einige Bauern gemishandelt hatte.

Der Premierlieutenant Schedel suchte nun mit einem starken Kommando Augsburgischer Grenadier, welches noch durch Jäger, Amtsknechte und Hunde verstärkt war, den berüchtigten Bayrischen Hiesel auf. Es war Winter, viel Schnee war gefallen und bedekte Wege und Fußstege, die Witterung war sehr rauh, daher verfolgte das Kommando Hieseln mit der größten Beschwerlichkeit. Endlich erhielt Schedel sichere Nachricht, daß sich Hiesel mit zehn seiner Wildschüzen in dem Dorfe Osterzell aufhalte, welches zur Rothenbuchischen Herrschaft gehört. Er richtete daher seinen Marsch, so heimlich als möglich, nach dieser Gegend hin. Er hatte mit ausserordentlich vielen Widerwärtigkeiten zu kämpfen, alle Wege waren verschneit, der Frost war sehr anhaltend gewesen und seine Leute waren halb erstarrt; nachdem er so die ganze Nacht hindurch marschirt hatte, langte er am Morgen um sieben Uhr in Osterzell an. Am Eingange des Dorfs hörte er hier sogleich von einem kleinen Mädchen, das ihm von ungefähr begegnete, und welches er fragte, daß Hiesel sich mit zehn Wildschüzen bei ihrem Vater im Wirthshause befände.

Hiesel hatte die ganze Nacht hindurch mit der größten Sorgfalt und Vorsicht Wachten ausgestellt, und alles mit vieler Klugheit zu seiner hinlänglichen Sicherheit veranstaltet. Am Morgen war er unbesonnen genug, sich für völlig sicher zu halten; er zog daher alle Wachen von ihren Posten zurük, und alle Wildschüzen sezten sich nun um einen Tisch und spielten Karten.

Gegen sieben Uhr stieg ein so dichter Nebel auf, daß man nicht drei Schritt weit vor sich hin sehen konnte. Dieses günstigen Zufalls bedienten sich die Feinde Hiesels sehr zu ihrem Vortheil; denn sie rükten nun allgemach an das Wirthshaus heran, und die Jäger besezten nun zuerst einen Wald, der einige Büchsenschüsse vom Wirthshause entfernt lag, damit, wenn die Wildschüzen zu ihrer Rettung aus dem Wirthshause hieher fliehen wollten, man ihnen auch diesen Weg zur Flucht abschneiden könnte. Die übrigen umgaben das Haus sogleich von allen Seiten. Diejenigen Soldaten, die auf die Stube, in der sich Hiesel befand, den Angriff wagen sollten, mußten unter den Fenstern hinkriechen, damit sie von Hiesels Freunden nicht entdekt würden. Der Küche des Wirthshauses gegenüber lag das Haus eines Tagelöhners, hier wurden auch einige Soldaten hineingelegt, damit sie die Küchenthür, die auf die Straße hinausgieng, bestreichen könnten, wenn aus dieser die Wildschüzen etwa einen Ausfall wagen sollten. Kaum war dies alles in Richtigkeit gebracht, als der Bube, der indeß in der Stube auf- und abgegangen war, zuerst etwas von den Feinden entdekte.

„Kameraden! wir sind verrathen!“ rief er, „ein feindliches Kommando hat uns belagert!“

Sogleich wurden alle Karten durch einander geworfen, alle standen mit der größten Schnelligkeit vom Tische auf und liefen verwirrt in die Küche. Diese war ihr Arsenal, denn hier befanden sich die Büchsen von allen. Alle machten sogleich Anstalten zur Vertheidigung, so gut es die Verwirrung, in welche sie die unvermuthete Nachricht gesezt hatte, zuließ. Man machte den Anfang damit, sogleich auf das heranrükende Kommando zu feuern. Einer von Hiesels Gefährten schlug sogleich auf den von Schedel an und wollte ihn zu Boden streken, allein die Büchse versagte. Wäre dieser Streich gelungen, so hätte sich Hiesel höchstwahrscheinlich auch noch aus dieser Gefahr gerettet, er hätte dies zahlreiche Kommando wieder zurükgeschlagen und sein Name wäre furchtbarer als je geworden.

Man forderte die Wildschüzen, da sie auf diese Art den ersten Angriff gethan hatten, mehrmals auf, sich zu ergeben. Allein Hiesels Begleiter waren taub für diese Ermahnungen, die sie jedesmal mit ihren Büchsen beantworteten. Sie nahmen nun ihre Stellung so vortheilhaft, daß sie aus der Küche, in welche sie sich jezt aus der Wohnstube begeben hatten, drei Thüren zu gleicher Zeit mit ihren Gewehren bestreichen konnten. So vertheidigten sich die Wildschüzen mit unerschütterlichem Muthe, ungeachtet durch alle Fenster und Thüren unausgesezt von den Soldaten und Jägern auf sie geschossen ward.

Hiesel eröffnete während diesem Scharmüzel die Küchenthür ein wenig, legte auf einen der größten Grenadier, Steiner, in der größten Schnelligkeit an, schoß ab und hatte so richtig gezielt, daß dieser mitten durch die Brust getroffen, todt zur Erde stürzte. Kopp, ein andrer Grenadier, ward ebenfalls von Hieseln tödtlich verwundet; diesen trug man sogleich in ein benachbartes Bauerhaus, dort verband man ihn, allein er starb nach wenigen Minuten.

Die Feinde waren aber nicht minder thätig; schon unzählige Schüsse waren von den Grenadieren durch die Thür gegangen, so daß sie wie ein Sieb durchlöchert war. Hiesel war im Abschiessen der Büchsen unermüdet, und jeden seiner Schüsse begleiteten hundert der fürchterlichsten Flüche: „Eure „Seelen sollen alle," so rief er, „zur Hölle hin„untertanzen; Ihr alle sollt zum Teufel fahren, „oder der Donner soll mich erschlagen."

Schedel fieng nun an einzusehn, daß er auf diese Art schwerlich etwas über Hieseln gewinnen würde; denn dieser vertheidigte sich mit seinen Freunden mit der größten Verzweiflung. Noch mancher von den Soldaten und Jägern konnte fallen, ohne etwas über Hieseln gewonnen zu haben, daher entwarf Schedel einen andern Plan. Er befahl einem Theil von den Soldaten und Jägern, sich in die obere Stube, die gerade über der Küche lag, zu begeben. Diesen Plan auszuführen, war aber ausserordentlich gefährlich; denn die Soldaten und Jäger, die sich in das obere Stokwerk begeben wollten, mußten vor eine Thür vorbei, welche die Wildschüzen besezt hatten und auf die sie unaufhörlich feuerten. Das klügste also war, so schnell als möglich vor diesem gefährlichen Posten vorbei zu laufen; dies geschahe auch wirklich und alle kamen glüklich vorbei, bis auf einen einzigen Jäger Hans Schmidt. Dieser hatte sich schon stets hundert Händel durch seinen Vorwiz zugezogen und dieser Fehler war auch Schuld an seinem Tode, denn indem er vor der Thür der Wildschüzen vorbeilief, konnte er sich nicht enthalten, etwas hineinzusehn, was denn die guten Leute machten und wie sie aussähen. Eine Kugel, die ihn todt zu Boden warf, belehrte ihn, daß es gefährlich sei, allenthalben hineinzukuken.

Indeß nun unten das Gefecht mit der größten Hize fortgesezt ward, indeß die Soldaten zu Hieseln herein- und er zu ihnen hinausschoß, hatten diese Grenadier und Jäger das obere Zimmer erreicht. Sie hoben den Fußboden auf und fanden unter diesem ein gemauertes Gewölbe, welches sie noch von den Wildschüzen trennte. Man holte also aus dem nächsten Bauernhause eine Art, mit dieser ward das Mauerwerk durchgehauen, und nun bekam alles plözlich ein andres Ansehn. In einer anstossenden Kammer fand man ein Bett, man zerriß den Strohsak, wikelte Stroh um Pulverpatronen, zündete das Stroh an, und warf es brennend durch die gemachte Oefnung auf die Wildschüzen hinunter. Diese wurden nun von beiden Seiten angegriffen, von den Soldaten vor der Thür, und von den Jägern oben, die auf sie herunterschossen und einen wirklichen Feuerregen von brennenden Patronen auf sie hinunterschüttete. Die Wildschüzen unterließen in dieser Lage nicht, durch die Oeffnung zu ihren Feinden hinauf zu schiessen, welche Schüsse aber meistentheils ganz unwirksam blieben; einer von ihnen feuerte durch die Oeffnung seine Flinte ab, aber in demselben Augenblik erhielt er einen Schuß von oben, der ihm die untere Kinnlade ganz und gar wegriß: ein andrer wurde noch in derselben Minute durch die Brust geschossen und stürzte sogleich todt zur Erde nieder. Der Wildschüz mit dem weggeschoßnem Kinn lag indeß unter der Oeffnung des Zimmers, und auf ihn fielen nun alle abgeschossene Kugeln von oben, alle brennenden Strohpatronen, die ihm nicht nur die Kleider verbrannten, sondern selbst die Haut ganz und gar vom Körper absengten. Durch dies Hinauf- und

Hinunterschiessen, durch diese Patronen, war aber in der Küche ein so diker Dampf entstanden, daß die Wildschüzen gar nicht mehr sehen konnten; sie konnten ihre Pulverhörner nicht mehr finden, konnten nicht laden und wußten nun gar nicht mehr, wie sie sich vertheidigen sollten. Hiesel hielt es daher für das beste, sich aus der Küche zurükzuziehn, und sich nach dem Speisegewölbe zu begeben, an welches die Küche gränzte. Dies thaten auch die Wildschüzen.

Indem man sich noch auf die Art alle Mühe gab, die Wildschüzen gänzlich in die Enge zu treiben, fieng das Feuer an weiter um sich zu greifen, als es die Soldaten wünschten. Es drohte selbst diese im Rauch zu erstiken und das ganze Haus in Asche zu legen. Man wußte gar nicht, wie man diesem Ungkük abhelfen sollte, denn Wasser konnte man auf keine Art bekommen. Man entdekte endlich oben in einer Kammer einen grossen Kübel Bier, der dorthin zur Abkühlung gebracht war, diesen nahm man und stürzte ihn in die Flammen. Zischend strömte das Bier durch das Feuer auf den verwundeten Wildschüzen hinab. Ein dichter weisser Staubregen entstand in dem Augenblik, der den diken Dampf noch vermehrte. Den Wildschüzen war es nun noch weit unmöglicher, in dieser Hize, in diesen Feuerströmen, in diesem Dampfe auszuhalten. Die Verwirrung ward nun allgemein, der

Muth der Wildschüzen fieng an zu sinken, da sie sahen, wie wenig günstig ihnen das Glük diesmal sei. Hiesel sah schon zwei von seinen Freunden todt zu seinen Füssen liegen, die übrigen waren fast alle und zwar ziemlich gefährlich verwundet, er selber war von zweien Kugeln in den Beinen getroffen. Er sahe, wie einer seiner Gefährten sich in, der andre unter dem Bakofen verbarg, wie der Bube, der sich bis jezt ausserordentlich tapfer gehalten hatte, sich mit der geladenen Flinte in das Ofenloch verstekte, wie der Sattler in den Kamin hinauf kroch und sich dort unter geräuchertem Fleische verbarg, wie der eine hier, der andre dort einen Schlupfwinkel suchte. Aus allem diesem zog er den ganz richtigen Schluß, er sei diesmal verlohren.

Durch das Getümmel und Gewirre ertönte nun eine wimmernde Stimme; der Wirth, der sich beim Anfang des Gefechts in den Bakofen verstekt hatte, sahe jezt aus dem Ofenloche hervor, und rief mit thränenden Augen: „Um Gottes Barmherzigkeit willen, verschont meiner! Ich bin ja an allem unschuldig! Erbarmt euch eines armen Mannes, der hier im Dampf erstiken muß! Ich bin ja kein Wildschüz!“

Einige Soldaten erkannten ihn jezt und zogen ihn durch die Oeffnung der Deke zu sich hinauf.

„Ich bin ja kein Wildschüz!“ diese Worte fielen Hieseln mächtig auf. Er fühlte jezt lebhaft, wie glüklich der Mann sei, daß er nicht zu seiner Rotte gehöre. Die Selbsterhaltung erwachte jezt in ihm mit aller Stärke, jezt flogen rasch alle Scenen seines Lebens seiner betäubten Phantasie vorüber: Er sah sich als Bauer, er sah sich in den Lech stürzen, um den Soldaten zu entfliehen! — O wär' ich jezt Bauer, dachte er, wär' ich Soldat! wie glüklich wär' ich! Welch ein schrekliches Gefühl liegt in dem Gedanken, ich bin Hiesel! Warum muß ich grade sein, der hier steht, für das Rad bestimmt? — O könnt' ich noch zurükkehren! — Ja ich will Bauer, ich will Soldat werden! Ja — — Indem er noch von diesen Gedanken bestürmt ward, rief er in der größten Angst mit fürchterlich lauter Stimme:

„In des Teufels Namen! Ist denn gar kein Pardon zu hoffen?“

Der Lieutenant, der dieses hörte, rief sogleich seinen Leuten zu: „Haltet ein mit Schiessen!“ — Nun folgte eine gräßliche Stille auf dem lautesten Lärmen; jezt hörte man den Verwundeten wimmern, der sich in seinem Blute wälzte, jezt hörte man das ängstliche Athemholen der verborgenen Wildschüzen. Das schwarze Haar Hiesels sträubte sich empor, er zitterte an allen Gliedern, die Angst vor dem Tode jagte große Schweißtropfen von seiner Stirn herunter. Stumm und betäubt stand er da, als ihm der Lieutenant zurief: „Wenn du aus der Stuben-

„thür ohne Gewehr und Hirschfänger herauskömmst, „soll dir bei meinem Worte das Leben geschenkt „werden, es soll dir dann auch sonst Niemand et„was zu Leide thun!“

Hiesel versprach dies zu thun; eröffnete die Thür, ergriff aber einen Wildschüzen, stieß ihn vor sich heraus, um zu sehen, wie es diesem ergehen würde. Da er nun sahe, daß man diesen sogleich festnahm, band und in den Schnee vor der Hausthür hinwarf, ergriff er von neuem seine Büchse mit dem Entschluß, sich bis auf den lezten Blutstropfen zu vertheidigen. Allein seine Hände zitterten, die Büchse fiel zur Erde, all sein Heldenmuth war dahin und die ängstliche Liebe zum Leben trat an dessen Stelle; der Wunsch nicht zu sterben, war jezt der einzige Gedanke, den er fassen konnte, er hatte stets dem Tode dreist ins Auge gesehn und jezt bebte er vor diesem Gedanken; er entschloß sich daher am Ende, sich gefangen zu geben und sich jeglichem Schiksal zu unterwerfen. Er trat aus der Thür, die Soldaten hielten sogleich die Bajonette und geladenen Gewehre vor; Hiesel aber hob die Hände auf und schrie mit lauter Stimme: „O schenket mir mein Leben!“ In einer Art von Raserei stürzte er auf den Lieutenant zu, umarmte ihn mit der größten Heftigkeit und rief unter lautem Schluchten: „O Bruder! Bruder! Ich habe

„dir nie etwas zu Leide gethan! Wir sind ja alle „Brüder! Schenk' mir mein Leben!“

Alle Soldaten wollten jezt auf ihn zu stürzen, um ihn in der ersten Wuth niederzumachen und kaum konnte sie der Lieutenant zurükhalten. Dieser machte sich von Hieseln los, ließ ihn binden und zu seinem Gefährten in den Schnee werfen. Er mußte hierauf anzeigen, wie stark ihre Anzahl sei und wo sich die übrigen befänden; beides that er mit vieler Aufrichtigkeit.

Hiesel lag nun da, festgebunden, daß er kein Glied rühren konnte; er, der sonst jeder Gefahr gespottet hatte, der von Jedermann gefürchtet ward. Taub und ohne Bewußtsein rollte er seine großen wilden Augen umher, bald starrte er den Schnee an, von dem die Sonne zurükprellte, bald schwärmte sein Blik durch die dürren Aeste des Baumes, der über ihn sich erhob. Alle die verwirrten, vermischten Gefühle, Stolz, Rachsucht, Furcht, Seelenangst, die er damals in diesem Augenblik empfand, ist jede Feder zu schwach zu schildern.

Das Gefecht hatte vier ganze Stunden gedauert, von sieben bis eilf Uhr. Man holte nun auch die übrigen Wildschüzen aus ihren Schlupfwinkeln hervor, band sie und warf sie in den Schnee hinaus. Man fand nun in der Schenke: drei Kugelbüchsen, zehn Flinten, vier Hirschfänger, wovon der eine mit Silber beschlagen war, noch einiges

Pulver und einige Kugeln. Hiesel hatte die Kasse der Wildschüzen in Verwahrung, sie bestand aus vier und zwanzig Gulden, vier und vierzig Kreuzern. Bei allen übrigen Wildschüzen war kein Geld gefunden.

Von den Siegern war der Jäger Hans Schmidt, der Grenadier Steiner und Kopp umgekommen. Von den zehn Wildschüzen waren zwei erschossen, Hiesel aber nebst sechs andern verwundet. Der Bube war der einzige Unverwundete.

Die Verwundeten wurden nun sogleich durch einen Feldscherer verbunden, die Gefangenen bis zur nähern Verfügung in das Zuchthaus nach Buchloe gebracht, begleitet von allen Soldaten, acht Jägern und vier Untervögten. Hiesel, der Bube, der Sattler und drei andre Wildschüzen kamen, ein jeder in ein besondres Blokhaus. Zwei schwer verwundete kamen zu andern Gefangenen, die man aber sogleich auszog und ihnen die blaue Zuchthauskleidung gab. Hiesel allein behielt seine Kleider und ward indeß bis auf weitere Befehle hier verwahrt.

Von Buchloe wurden sie auf erhaltene Ordre nach Dillingen gebracht. Allenthalben kamen ihnen aus Dörfern und Städten viele Menschen entgegen, diese berüchtigten Wildschüzen zu sehen; von diesen wurden sie oft reichlich beschenkt.

Zwei und zwanzigstes Kapitel.

Alle waren nun an dem Ort ihrer Bestimmung, sie wurden fest verwahrt, eingeschlossen und bewacht. Hiesel, als der Anführer, ward vorzüglich mit vieler Sorgfalt eingesperrt, ja er ward sogar geschlossen. Im Uebrigen ließ man ihn gar keinen Mangel leiden; er ließ es sich auch in seinem Gefängnisse recht gut schmeken und schien sich gar nicht um den Ausgang seiner Sache zu bekümmern. Er läugnete keine einzige von seinen Thaten, nur gestand er durchaus keinen einzigen, an den er sein geschossenes Wild abgeliefert habe; man erfuhr nur so viel von ihm, daß er es in den Gegenden, wo er es geschossen, sogleich wieder verkauft habe, vielen habe er es auch oft zum Kaufen aufgedrungen, bei manchen habe er es in der Eil in den Hof geworfen und sich zu gelegener Zeit das Geld dafür abgeholt.

Er vertheidigte noch immer alles das, was man ihm als ein Verbrechen vorhielt. Er sagte, jeder Mensch habe seinen freien Willen, ein jeder müsse diesen benuzen und nach seiner Ueberzeugung handeln. Nach dieser müßte er das thun, was er für gut hielte. Das Wild gehöre Niemanden, jeder könne sich desselben bemächtigen, er habe dies auch gethan, so wie jeder Mensch es thun könne, er habe dadurch zugleich den Nuzen gestiftet, daß er die Ländereien der Bauern dadurch gesichert habe. Man habe sich ihm in diesem Geschäft widersezt, jeder Mensch müsse sich seines Lebens wehren und weiter habe auch er nichts gethan.

Er war meistentheils im Gefängnisse ruhig, denn er hatte noch immer Hofnung, daß er Verzeihung erhalten würde, da er sich selbst für gar keinen Bösewicht hielt. Nur in den lezten Verhören sagte er einigemal, er sei dem Tode so oft schon entflohen, diesmal würde er ihm wohl aber nicht entrinnen können.

Etwas unrühmlich war es von ihm, daß er in jedem Verhör so viel als möglich alle Schuld auf seine Untergebne schieben wollte, dies that er sogar, wenn man ihn mit seinen Gefährten konfrontirte. Die einzige Art, wie die Richter ihn zum Geständniß bringen konnten, war, seine Herzhaftigkeit zu loben und zu bewundern, dann vergaß er sich oft im Erzählen so, daß er sich zu sehr verrieth und nachher nicht zurücknehmen konnte, was er vorher gesagt hatte.

Ungeachtet der festen Verwahrung, gelang es doch dem Buben, dem Sattler und einigen andern Wildschützen aus dem Gefängniß zu entspringen.

Hiesel hörte sein Todesurtheil, daß er nehmlich solle gerädert werden, mit der größten Gelassenheit an. Am Ende sagte er: „Ich danke dem Gerichte „übrigens für alle mir erwiesene Güte, ich sterbe „gern, gleichviel wie, gleichviel wann, denn über „fünfzig Jahren lebt ja auch keiner von denen mehr, „die mir heute mein Urtheil sprechen."

An seinem Todestage ward er vor das Rathhaus geführt, hier ward ihm sein Urtheil noch einmal vorgelesen. Da er die Schleife mit der Kühhaut erblikte, die für ihn bestimmt waren, verließ ihn seine Standhaftigkeit völlig. Er ward nun in die Kühhaut eingewikelt, so daß bloß sein Kopf und das Crucifix, das er in den Händen hielt, sichtbar waren.

Als er auf dem Richtplaz angelangt war, ward ihm die Kühhaut abgenommen, er gieng mit vielem Muth die hölzerne Treppe auf das Gerüst hinauf; da er aber oben die Maschine sahe, starrte er zurük, er blieb lange mit gesenktem Haupte hier unbeweglich stehn und betrachtete nachdenkend den Ort, auf dem er sterben sollte. Er ward hierauf von den Henkern niedergeworfen und gerädert, nachdem er vorher erdrosselt war.

Zwei Gefährten Hiesels wurden an demselben Tage durch das Schwert vom Leben zum Tode gebracht.

Hier endet unsre Urschrift mit einem Gedicht ganz im Geschmak der sehr schönen moralischen Lieder, welche allen frommen Christen den Greuel der Schandthaten eines Verbrechers zu guter Lezt noch einmal vorhalten, jeden erbauen, warnen und bekehren sollen. — Der Leser wird es nicht vermissen.

Drei und Zwanzigstes Kapitel.

Epilog.

So starb Hiesel, ich glaube, kein Leser wird ihm

sein Mitleid versagen: jeder wird den Mann bedauern, den äussere Umstände in eine so traurige Lage versezten.

Aber ward Hiesel nicht zu hart gestraft? — Er ward hingerichtet und war doch von seinem Verbrechen nicht überzeugt. Hätte man ihn nicht davon überführen können, daß ihn sein Verstand auf einen falschen Weg geleitet habe und ihn dann in eine Lage versezen, in der er hätte Nuzen stiften können? —

Doch — der Verfasser nimmt Abschied von seinen Lesern und wünscht, daß diese sich mitunter durch diese Geschichte Hiesels oder Kirchmayers die Zeit vertrieben haben. Es kann auch sein, daß dies nicht der Fall gewesen ist, und daß den Lesern ein wahrer Stein vom Herzen fällt, da sie diese lezten Worte lesen. —

Das wird der Leser aber dem Verfasser lassen müssen, daß der Stein, der ihm vom Herzen fällt, indem er dies Werk schließt, unendlich schwerer, und folglich die Wonne, ihn los zu werden, unendlich gewesen ist. Denn, im engsten Vertrauen gesagt, es ist ihm sehr sauer geworden, diesen Kerl als einen Helden in seinem Fache darzustellen, wie es die Pflicht jedes Biographen ist.

Warum?

Weil er nichts mehr und nichts weniger war, als? ein Spizbube.